AF554191

LA CONVERSION DU CINQ POUR CENT

PAR

ÉMILE GAUDCHAUX-PICARD

PARIS
E. DENTU, LIBRAIRE-ÉDITEUR
PALAIS-ROYAL (GALERIE D'ORLÉANS)

1882

LA CONVERSION DU CINQ POUR CENT

NANCY, IMPRIMERIE NANCÉIENNE, DIRECT. : GÉBHART.

LA

CONVERSION

DU

CINQ POUR CENT

PAR

ÉMILE GAUDCHAUX-PICARD

PARIS
E. DENTU, LIBRAIRE-ÉDITEUR
PALAIS-ROYAL (GALERIE D'ORLÉANS)

1882

NOTE PRÉLIMINAIRE

LES DROITS DU GOUVERNEMENT

Il est évident que le Gouvernement, seul, doit avoir l'initiative, le choix du moment précis où se fera la conversion. Responsable à la fois des intérêts des contribuables et de ceux des rentiers, il a le devoir impérieux de choisir l'heure où les conditions politiques, financières et économiques assureront le mieux la sécurité, la tranquillité et la solidité nécessaires à cette opération.

Les Chambres ont, à plusieurs reprises, affirmé et confirmé ce droit et ce devoir du Gouvernement ; et, chaque fois que la question a été soulevée par l'initiative parlementaire, elles ont énergiquement refusé de laisser s'engager une discussion sur la conversion. En effet, toute discussion à cet égard, outre l'inconvénient de peser sur la question d'opportunité, eût eu pour résultat immédiat des manœuvres et des spéculations de Bourse, dont il est inutile de faire ressortir les multiples inconvénients.

La question d'opportunité reste donc entière, et avec beaucoup de raison, entre les mains du Gouvernement. Il n'en est pas moins vrai, pourtant, que l'ajournement de la question d'opportunité a entraîné l'ajournement de la discussion des conditions auxquelles se fera la conversion. C'est là un résultat fâcheux, car ces conditions, devant être désormais tranchées en même temps que celles de l'opportunité, on sera forcément amené, il faut le craindre, à décider, sans que le débat en ait été porté sérieusement devant l'opinion publique, ou même devant le Parlement, quelles seront les conditions de la conversion.

Le Gouvernement a sans doute, depuis longtemps, étudié le problème, et apportera à la tribune sa solution, en même temps qu'il demandera à faire l'opération. D'après les précédents, on peut s'attendre à ce que la loi, proposée à l'improviste, sera votée dans un délai très court, si même toutes les précautions n'ont pas été prises à l'avance pour qu'il n'y ait pas de délai. On n'a pas opéré autrement lors de la dernière conversion anglaise, qui portait aussi sur un chiffre de plus de six milliards.

La mesure fut proposée à la Chambre des communes le 8 mars 1844 : le 11 mars, on prévint le public d'avoir, dans les douze jours suivants, à demander son remboursement, s'il n'acceptait pas la réduction d'intérêt qu'on lui proposait. Le 22 mars, la loi fut votée définitivement. Le lendemain 23, le délai pour les demandes de remboursement expirait, et l'opération était accomplie, définitivement terminée.

A peu de chose près, il en sera de même en France, et c'est pourquoi, tout en supposant la perfection dans les propositions à faire aux Chambres, par le ministère, il est peut-être bon de s'éclairer, dès à présent, à l'avance, sans chercher à peser sur la question d'opportunité, sur les conditions possibles d'une opération délicate et pouvant être envisagée à tant de points de vue différents.

LES CONVERSIONS ANTÉRIEURES

En Angleterre, en Amérique, en Belgique, en Allemagne, en Espagne et ailleurs, en France même, il y a eu beaucoup de conversions. Toutes n'ont pas été heureuses dans leur exécution ou dans leurs résultats, et, aujourd'hui, on en blâme énergiquement le plus grand nombre.

Pour ne parler que de la France, et sans remonter à Sully, à Colbert, à Turgot, qui firent aussi quelque chose comme des conversions, on compte quatre opérations de ce genre dans les annales financières du dix-neuvième siècle.

Deux d'entre elles furent facultatives. Celle de 1825, par laquelle M. de Villèle offrit aux porteurs du 5 p. 100, soit 75 fr. en 3 p. 100 ou 100 fr. en 4 1/2 p. 100, avec garantie de non remboursement pendant dix ans. Elle réussit très mal, car sur 197 millions de rentes à convertir, les porteurs n'en présentèrent à l'échange que 31 millions. Et le pire fut que, le 3 p. 100, trois mois après, étant tombé de 75 à 60 fr., *toute nouvelle conversion devint impossible jusqu'en 1852*.

L'autre conversion facultative fut celle par laquelle M. Fould, alors ministre des finances, offrit, en 1862, aux porteurs du 4 1/2 p. 100, l'échange de leur titre contre 4 fr. 50 de 3 p. 100, moyennant une soulte de 5 fr. 40 par 100 fr. de 5 p. 100. Résultats : maintien des arrérages desservis, encaissement gratuit de 157 millions par le Trésor, et *augmentation de la dette publique de 1,600 millions.*

Quant aux deux conversions forcées, c'est-à-dire où le ministère offrit aux rentiers le choix entre leur remboursement à 100 fr. ou la diminution de leur revenu, la première en date est celle de 1852.

M. Bineau décida que l'on rembourserait immédiatement les porteurs du 5 p. 100 qui ne consentiraient pas à accepter en échange du 4 1/2. L'opération était bien conçue, mais elle était prématurée et ne réussit qu'à grand'peine. *Il fallut les efforts du Gouvernement, de la Banque de France, et le concours de puissantes maisons financières pour l'empêcher de sombrer piteusement.* Enfin, elle réussit quand même et procura sur les arrérages du fonds convertible une économie de 17,580,444 fr.

La seconde conversion forcée fut celle de l'emprunt Morgan. M. Léon Say, en 1875, en fit la conversion en 3 p. 100 remis aux intéressés, *moyennant une soulte de 25 fr. environ par 100 fr.* Elle fit entrer dans les caisses de l'État 60 millions environ, mais elle augmenta également le chiffre de la dette publique, d'une manière très modérée, il faut en convenir. Elle s'appliquait du reste à un capital très faible : 250 millions environ, et ne saurait en rien servir de modèle à une opération qui doit porter sur 7 milliards.

En résumé, on voit que les précedents, chez nous, ne peuvent guère servir de règle pour la conversion future. Le blâme qui atteint trois de nos conversions n'a évidemment qu'un effet moral rétroactif et reste purement platonique, mais il doit pourtant nous servir de leçon pour l'avenir.

Et il y a, suivant nous, un intérêt considérable à examiner de près et à l'avance, et dès à présent, ce qu'il y a lieu de faire pour ne pas retomber dans les fautes du passé, et pour assurer le succès d'un événement financier et économique, dont les conséquences, heureuses ou malheureuses, pèseront longtemps sur les destinées du pays.

I

POSITION DE LA QUESTION

Origine du 5 p. 100. — Le droit et le devoir pour l'État de le convertir. — Le bénéfice à provenir de la conversion. — Les dégrèvements d'impôts. — L'amortissement. — Angleterre, États-Unis, Prusse. — Considérations politiques, économiques et financières sur la nécessité d'amortir le 5 p. 100. — Fausse appréciation actuelle du 3 p. 100 amortissable.

Le 5 p. 100, qu'il est question de convertir actuellement, remonte seulement à la guerre de 1870-1871 ; mais, avant lui, nous avons déjà eu du 5 p. 100, aujourd'hui disparu.

Le grand livre de la dette publique, créé par la loi du 24 août 1793, ne contenait à l'origine que du 5 p. 100, et ce n'est qu'en 1825 qu'apparut pour la première fois, chez nous, la rente 3 p. 100. Après avoir valu 7 fr. en septembre et octobre 1799, 45 fr. le 29 mars 1814, et jusqu'à 80 fr. le 29 août de la même année, l'ancien 5 p. 100 retomba à 65,50 lors du retour de Napoléon, pour remonter lors de la seconde capitulation de Paris, le 4 juillet 1815, à 69,75. A partir de cette époque, il haussa, il baissa, atteignit son maximum de prix, 126,30, le 4 mars 1844, pour retomber à 50 fr. en avril 1848. Le 5 mars 1852, il valut 106,50.

C'est alors qu'on en décida la conversion. Le fonds convertible retomba à 100,20 quelques jours avant sa disparition. Il fut remplacé par le 4 1/2 p. 100, qui fut tout aussitôt coté 101,55 au plus haut, 99,90 au plus bas, et valut la même année (novembre 1852), 107 fr.

Les rentiers ne perdirent donc pas, loin de là, sur le capital de leur fonds converti, mais il n'en est pas moins vrai que le 5 p. 100 avait disparu.

L'Empire contracta ses emprunts tantôt en 4 1/2 p. 100, tantôt en 3 p. 100.

Le Gouvernement de la Défense nationale s'en fut, avec beaucoup de raison, négocier en Angleterre un emprunt à 6 p. 100. Et quand la guerre de 1870-1871 fut terminée, M. Thiers décida, avec une entente véritable des intérêts du pays, qu'il fallait emprunter à 5 p. 100. Le calme se rétablissant dans nos finances et dans notre vie politique, on pourrait toujours, pensait-il, — et c'est ce qui va arriver — convertir le 5 p. 100 en une rente d'un revenu inférieur, beaucoup plus facile à supporter par les contribuables, et sans grever outre mesure, dans un moment difficile, le chiffre de la dette nationale.

Nos emprunts de guerre rétablirent donc chez nous la rente 5 p. 100 disparue depuis 1852.

Un premier emprunt de 2 milliards 225 millions fut émis en juin 1871, au taux de 82,50 pour 5 fr. de rente au pair de 100 fr., c'est-à-dire que l'État s'engageait, vis à vis de toute personne lui apportant 82 fr. 50, à lui desservir un intérêt annuel de 5 fr., tant qu'il ne conviendrait pas à lui, l'État, de lui rembourser un capital de 100 fr.

Un deuxième emprunt de 3 milliards 500 millions fut, en juillet 1872, émis à 84 fr. 50. C'est celui-là qui fut souscrit 14 fois.

On décida presque en même temps que l'on rembourserait en cinq pour cent les déposants des caisses d'épargne.

Le tout forma une somme de 350 millions de rentes, en compte rond, représentant un capital de 7 milliards.

C'est l'importance du 5 p. 100 actuel, celui qu'il est

question de convertir (1). C'est le chiffre sur lequel nous établirons presque tous nos calculs, tout en sachant parfaitement que quelques annulations de titres, dues aux opérations de la caisse de la vieillesse, le diminuent tous les ans d'un million ou plus, et que le crédit afférent au 5 p. 100 n'est plus, au budget de 1881, que de 343,348,602 fr.

En somme, les contribuables paient tous les ans, pour un capital de 7 milliards, un intérêt de 5 p. 100, formant un total de 350 millions.

Ce taux élevé d'intérêt, accordé immédiatement après la guerre, et nous ne saurions trop le répéter, avec une parfaite entente des lois financières, ce taux de 5 p. 100, qui s'expliquait et se justifiait parfaitement dans un moment critique, ne se comprend plus du tout et, par conséquent, ne se justifie plus, — aujourd'hui que le crédit public s'est relevé, et que le Gouvernement trouverait à emprunter à 3 1/2 ou 3 3/4 p. 100.

Aussi, comme il est stipulé très clairement dans nos lois que, à moins de convention contraire, ne pouvant excéder dix ans, tout débiteur d'une rente consolidée perpétuelle peut la racheter (art. 1911 du Code civil), l'État a-t-il l'intention d'user de la latitude que lui offre le droit commun, et a-t-il déjà, à plusieurs reprises, manifesté clairement sa volonté de racheter dans un temps donné — mais non encore déterminé — la rente 5 p. 100, en en remboursant aux détenteurs le prix de rachat convenu avec eux lors de l'émission, c'est-à-dire le pair ou 100 fr. par chaque titre de 5 fr. de rente.

Si l'État veut user de son droit de se libérer par le rachat, afin de réaliser le bénéfice d'une diminution des

(1) Le 5 p. 100 actuel a valu *au plus bas*, en juin 1871, *80,25*. Il dépassa le pair en 1874, valut successivement 107,25 en juillet 1876, et fit au plus haut, croyons-nous, *121,90* à terme le 21 mars 1881.

arrérages, mais n'a pas en caisse — et c'est le cas, — la somme nécessaire pour payer, il va lui falloir chercher des prêteurs nouveaux, consentant à lui avancer, au cours actuel de l'intérêt, les sommes nécessaires au remboursement de sa dette rachetable.

Par contre, ses anciens prêteurs, devant être remboursés, seront obligés, à leur tour, de chercher l'emploi des capitaux leur rentrant. Les deux opérations à accomplir laisseront donc, face à face, l'État qui demandera et le rentier qui offrira un même capital.

Dès lors, rien n'est plus simple que de s'entendre, surtout si, des deux côtés, on ne veut et on ne peut conclure qu'au prix courant du marché des capitaux.

L'État va se trouver ainsi tout naturellement amené à offrir aux capitalistes, et, à leur choix, ou le remboursement au pair, c'est-à-dire à 100 fr., ou la prolongation de son contrat avec eux à de nouvelles conditions qu'il leur fera connaître. Ces conditions peuvent consister soit en une reconnaissance de la même dette, 100 fr., rapportant un intérêt inférieur à 5 fr., soit dans la reconnaissance d'une dette plus forte, 105 ou 110 fr. par exemple, avec un intérêt encore plus réduit.

Les conditions, à offrir par l'État, peuvent varier à l'infini, et c'est précisément l'étude de ces conditions qui fait l'objet du présent travail.

Quoiqu'il en soit, au jour fixé par lui, l'État remboursera, en argent tous ceux qui refuseraient d'accepter ses nouvelles conditions; et il le fera, en leur substituant de nouveaux prêteurs, qui s'offriront pour prendre la place de ceux qui refuseraient la combinaison. Ces prêteurs nouveaux et les anciens porteurs adhérents aux propositions gouvernementales, constitueront pour l'avenir un ensemble de nouveaux créanciers, qui, tous, auront accepté la transformation, la *conversion* de l'ancienne dette en une nouvelle.

La *conversion* se trouvera ainsi faite, accomplie pour tout le monde, l'État débiteur, les rentiers créanciers, et pour la totalité de l'ancienne dette.

La nouvelle position des deux parties contractantes sera celle-ci : l'État n'aura plus à desservir qu'une annuité, inférieure à la précédente, et réalisera comme bénéfice de son opération la différence entre l'annuité ancienne et l'annuité nouvelle. Si cette différence de bénéfice est de 30 ou 50 millions, ce sera autant de moins qu'il aura besoin de demander aux contributions publiques.

Les rentiers, de leur côté, toucheront une annuité plus faible que celle qu'ils touchaient auparavant, mais il est probable que l'État leur garantira, en revanche, qu'avant dix ans il ne leur proposera pas de nouveau leur remboursement ; partant, les rentiers seront garantis pendant ce laps de temps contre toute nouvelle conversion, pouvant de nouveau affecter leur revenu, et ils auront, par cela même, pour leur capital, une plus-value certaine, en rapport avec la certitude d'un revenu fixe, déterminé pour une assez longue durée.

Telle sera, la conversion faite, la position de l'État et celle des capitalistes.

Mais nous avons dit tout à l'heure que le bénéfice de la conversion diminuerait d'autant la somme à demander à l'impôt annuel. Il faut de là tirer cette conclusion que, si l'État peut ainsi, par la conversion, procurer aux contribuables une diminution d'impôt, il a le devoir, devoir impérieux et absolu, de faire l'opération légitime qui doit leur assurer ce profit.

Puisque ce sont tous les contribuables qui paient l'impôt, et que l'État ne doit leur faire payer que la somme nécessaire et rien que la somme nécessaire aux besoins communs, il violerait les principes les plus sacrés de la justice et de l'honnêteté publiques, s'il consentait, au profit de certains privilégiés, à faire payer par la masse de la nation, une contribution supérieure à celle qu'exige la plus impérieuse nécessité, c'est-à-dire un intérêt d'argent, dépassant le taux fixé par la loi de l'offre et de la demande.

C'est pourquoi le Gouvernement n'est pas libre de faire ou de ne pas faire la conversion, c'est pourquoi il sera obligé de la faire, dès qu'il pourra la faire, et aux meilleures conditions qu'il pourra rencontrer.

Ces conditions, nous le reconnaissons de nouveau, sont essentiellement complexes, et, quand il s'agit d'une opération embrassant 7 milliards, c'est avec un soin minutieux, une sollicitude éclairée, une prévoyance extrême, une prudence à toute épreuve, qu'il faut consulter les forces du marché, l'état des capitaux réels et du crédit public, l'état même de la spéculation, et tenir compte, avant tout, des circonstances politiques, financières, économiques, sociales même, qui peuvent affecter non seulement notre propre pays, mais encore l'ensemble solidaire de toutes les nations civilisées.

Le Gouvernement, seul, est assez haut placé pour découvrir au loin, dans ces éléments mobiles, changeants ou trompeurs, ce qui peut être la vérité. Il a la lourde responsabilité de juger ; à lui la décision sur l'heure où devra s'opérer la conversion ; mais à nous, dès à présent, la libre discussion des conditions à faire quand viendra le moment psychologique, — c'est bien le mot à employer.

D'abord il doit être bien entendu, qu'en dehors de l'intérêt direct des contribuables, dont il est le tuteur légitime, l'État ne devra pas manquer non plus de s'inspirer de la plus grande bienveillance pour les rentiers, de tenir compte, tout au moins moralement, des circonstances au milieu desquelles ils ont apporté leurs capitaux, et des privations, des changements d'habitude trop brusques que produiraient parmi eux des modifications trop précipitées, trop violentes dans leurs revenus, modifications dont l'État lui-même, par contre-coup, ressentirait promptement les fâcheux effets. Ne rien abandonner des droits des contribuables, et laisser aux rentiers tous les avantages matériels et moraux compatibles avec l'intérêt des contribuables, doivent être les deux règles invariables de toute conversion.

Quant au bénéfice à provenir de la conversion, il doit évidemment faire retour à la nation; mais sous quelle forme ce bénéfice doit-il lui être rendu?

On peut dégrever les impôts d'autant, on peut amortir nos dettes.

Ceux-ci trouvent énormes les charges supportées par le pays depuis nos malheurs, et voudraient encore, malgré les dégrèvements de ces dernières années, dégrever de tout le bénéfice de la conversion. Ils signalent avec raison l'impôt sur les propriétés agricoles non bâties, les droits de mutation, les prestations, certains impôts de timbre, d'autres impôts de consommation comme étant économiquement mal aménagés, comme grevant la production d'une manière fâcheuse, illogique, abusive. Jamais le bénéfice de la conversion, quel qu'il soit, ne suffira, suivant eux, à réformer nos impôts dans la mesure du juste et du rationnel. Ils veulent donc commencer par prendre tout ce qu'elle donnera, pour pouvoir faire immédiatement des dégrèvements.

Ceux-là, au contraire, déclarent que *notre dette publique* nationale, en dehors même des 5 ou 10 milliards dus par les départements et les communes, *atteint dès à présent le chiffre colossal de 29 milliards,* et nécessite pour ses annuités plus de 1,200 millions (1).

Ils ajoutent que le tout va s'accroître encore de 3 ou 4 milliards pour les travaux de chemins de fer déjà votés par le Parlement, sans compter ceux qu'il paraît disposé à voter encore.

Voyez, disent-ils, nous voilà avec une dette nationale de 32 à 33 milliards ! Et nous n'en resterons pas là. Voyez la marche sans cesse ascensionnelle de nos emprunts :

	Francs.
A la dette originaire du tiers consolidé de	40,216,000
de rentes, le premier Empire a ajouté....	23,091,637
la Restauration........................	101,260,463
En 1830, nous devions déjà des rentes pour..................................	164,568,100
A reporter............	164,568,100

(1) D'après le projet de budget pour 1881, et en y ajoutant le récent emprunt de 1 milliard, contracté en 1881, il est dû :

Francs.		Francs.
343,348,602	Rentes 5 p. 100 représentant en capital..	6,866,972,040
37,442,486	— 4 1/2 p. 100 — ..	832,055,250
446,096	— 4 p. 100 — ..	11,152,300
362,699,315	— 3 p. 100 — ..	12,089,977,166
743,936,499	Rente consolidée — ..	19,800,156,756
30,440,000	Intérêts de la dette flottante de.........	958,418,200
140,689,552	Dette viagère évaluée à 10 fois son annuité.	1,406,895,520
216,721,683	Annuités diverses représentant environ...	4,000,000,000
91,303,000	Pour le 3 p. 100 amortissable, — ...	3,043,433,333
1,223,090,734		29,208,903,809

sans compter les avances promises aux chemins de fer et qui figurent au budget pour 27,300,000 fr. que nous ne portons pas, les considérant comme de simples avances à récupérer plus tard ; sans compter encore, pour un motif ou pour un autre, 60 ou 70 millions qu'il faut payer tous lea ans d'une manière fixe, et que l'on pourrait considérer ainsi comme faisant partie de la dette publique.

	Francs.
Apport..............	164,568,100
Le gouvernement de Lous-Philippe nous a grevés de...........................	12,277,267
la Deuxième République de.............	53,923,496
Nous avons inauguré l'Empire avec une dette de.................................	230,768,863
Jusqu'au 1er juillet 1870, il avait créé à nouvèau des rentes pour	132,862,797
La République actuelle a donc commencé avec une dette en rentes consolidées de..	363,631,660
et comme elle a été obligée de payer les conséquences funestes de la guerre de 1870, et qu'il faut en outre ajouter le montant de la dette non consolidée, c'est en plus une somme de.....................	859,459,074
Nous devons donc aujourd'hui	1,223,090,734

de rentes, représentant un capital de 29 milliards, et rien que pour la dette d'État, sans compter les communes, les départements.

Voyez autour de nous. L'Angleterre, qui avait, en 1815, une dette de 21 milliards et demi, ne devait plus que 19 milliards 383 millions en 1878, et en 1881, 18,468,191,575 fr. (1).

Voyez la Prusse : en 1820, elle devait 206,733,171 thalers. En 1848, elle ne devait plus que 122,942,765 thalers. Au 1er janvier 1872, en dehors de ses achats de chemins de fer et malgré ses annexions en Allemagne, 219,099,040 thalers, et avec ses chemins de fer, au total 415,957,198 thalers, soit 1,559,239,492 fr. 50, et en 1881,

(1) Finance accounts of the United Kingdom of Great Britain and Ireland for the financial year 1880-1881.

2,386,053,916 fr. 25, dont 1,651,526,602 fr. 50 pour ses achats de chemins de fer (1).

Voyez enfin l'Amérique. Après la guerre de sécession, les États-Unis ont une dette de 14 milliards. Le 1er août dernier, ils ne devaient plus que 9 milliards, ayant en quinze ans diminué leur dette de 5 milliards, et les intérêts à desservir de 450 millions de francs (2).

Tels sont les résultats auxquels arrivent les peuples assez courageux, assez énergiques pour vouloir payer leurs dettes. N'est-il pas inique, — poursuivent les partisans de l'amortissement, — de léguer aux générations futures la totalité des dépenses faites nécessairement par nous, mais improductives dans l'avenir? Et n'est-ce pas à la génération présente à amortir tout au moins ce que notre dette nationale a de dangereux, d'exagéré?

En conséquence, les partisans de l'amortissement soutiennent que toute économie, provenant de la conversion, doit servir uniquement à amortir les 7 milliards du 5 p. 100.

Qui a raison des partisans de l'amortissement ou des partisans des dégrèvements?

Nous n'hésitons pas à dire que les deux systèmes sont excellents et qu'ils pèchent seulement dans leur forme un

---

(1) Loi du 28 février 1881. L'empire d'Allemagne, d'après la loi du 26 mars 1881, a bien une dette de 501 millions de marcs, mais il a des ressources réalisées considérables, le fonds des invalides de plus de 500 millions de marcs, le Trésor de guerre de 120 millions de marcs, etc., etc.

(2) En 1866, les États-Unis devaient 2,773,236,173 dollars (5 fr.), pour lesquels ils payaient près de 150 millions de dollars d'intérêt (750 millions). Au 1er août 1881, date à laquelle finit chez eux l'exercice financier, ils avaient tellement remboursé, tellement converti ce qu'ils ne remboursaient pas, que leur dette en capital était réduite à 1,830,520,783 dollars (9 milliards 152 millions), y compris 422 millions de papier-monnaie ne portant pas d'intérêt. Les arrérages de 150 millions de dollars, en 1866, sont tombés, à partir du 1er octobre 1881, à 61,434,755 dollars, soit 307,173,775 fr., au lieu de 750 millions de francs en 1866.

peu trop absolue. Pour nous, il ne faut pas dégrever *ou* amortir, mais tout simplement dégrever *et* amortir. C'est, comme dans une comédie célèbre, une affaire de conjonction, c'est possible, mais l'affaire d'une conjonction qui donne la solution de la question.

Aussi bien, pour nous, tout système de conversion est mauvais, au point de vue économique, politique et financier, qui ne fait pas deux larges parts à l'amortissement et au dégrèvement. Cela est vrai, surtout quand il s'agit, comme dans l'espèce qui nous occupe, d'une dette d'État dont l'origine remonte à la guerre et rien qu'à la guerre.

Il semble superflu d'expliquer comment la conversion doit d'abord contribuer à faire disparaître, par des dégrèvements, des impôts mal conçus, mal combinés, dont la perception est un contre-sens économique et coûte au pays deux ou trois fois ce qu'ils rapportent. Il nous semble hors de doute que l'agriculture française est surtout dans une position telle qu'il faut absolument la dégrever, sous peine de tarir dans sa source même l'aliment qu'elle apporte tous les jours à la fortune publique, à la richesse nationale. Il y a encore d'autres impôts, — sur lesquels tout le monde est d'accord, — et qu'il faut faire disparaître. C'est la justification complète de la conversion, que le secours qu'elle apportera à notre production agricole, manufacturière, à notre économie politique tout entière.

Personne ne le discute et personne ne le discutera.

Mais, *quand on aura trouvé tout autant dans la conversion que dans nos plus-values budgétaires et dans d'autres réformes qui, elles aussi, doivent fournir leur* QUOTE-PART, *les ressources nécessaires pour faire disparaître les plus mauvais impôts,* ne faut-il pas chercher aussi dans la conversion, puisque, SEULE, elle peut les donner, les moyens d'amortir notre dette?

La réponse ne saurait être un seul instant douteuse, si tout le monde était d'accord sur la nécessité d'amortir les dettes des États.

Sur ce point lui-même, — nécessité de l'amortissement, — les avis sont bien partagés et des dissentiments profonds existent entre les différentes écoles. On va même, chez certains économistes, jusqu'à trouver les amortissements inutiles, nuisibles, dangereux; les plus modérés se contentent de trouver superflu d'amortir actuellement nos dettes consolidées, et comme le 5 p. 100 constitue précisément une de ces dettes, ils en concluent qu'ils ne faut pas l'amortir, mais tout simplement dégrever.

Eh bien, nous le déclarons avec une conviction profonde, il n'est pas, suivant nous, possible de faire la conversion sans amortir. Et, comme d'après le développement de nos idées, nous arriverons à proposer une conversion en rentes amortissables, nous demandons à établir, dès à présent, pourquoi, suivant nous, la conversion ne peut se faire qu'en rentes amortissables.

On invoque contre l'amortissement :

1° La dépréciation constante des métaux précieux, qui a pour effet inévitable et permanent de réduire constamment et insensiblement le poids des dettes nationales;

2° Le développement continu et forcé de la richesse sociale par l'épargne et par les découvertes industrielles, lequel développement a le même effet que la dépréciation de l'or et de l'argent;

3° La nécessité d'une dette de l'État pour les placements des particuliers, pour la formation des épargnes, pour soustraire les économies du pays aux sollicitations des emprunts étrangers ou aux hasards des entreprises françaises ou étrangères plus ou moins aventureuses;

4° L'inutilité de rembourser nos dettes, parce que les

travaux exécutés par les générations présentes pèsent exclusivement sur elles, parce qu'ils ne s'exécutent qu'avec leurs épargnes et qu'ils profiteront exclusivement aux générations futures, qui n'auront qu'à payer une rente de plus en plus réduite par les conversions successives ;

5° La décroissance continuelle des annuités dues par le Trésor pour ses engagements divers, annuités qui disparaîtront en tout ou en partie dans un temps plus ou moins prochain ;

6° La possibilité de conversions successives des dettes 5 et 4 1/2 p. 100 ;

7° Enfin, le retour des chemins de fer à l'État qui, pour la plus grande partie, lui seront remis presque gratuitement vers 1950 (1), et, en attendant le remboursement prochain, à l'État, par les Compagnies, des avances qu'il leur a consenties.

Tous ces arguments ont, à nos yeux, une certaine valeur théorique, mais, en pratique, ils n'auraient véritablement de poids que si l'on pouvait dès à présent et assurément fermer le livre de la dette publique.

Si les métaux baissent de valeur, si la richesse se développe, si les annuités dues par le Trésor *décroissent tous les ans sur les comptes actuels du budget*; si quelques chemins de fer commencent même à rembourser l'État de ses avances, il faut bien reconnaître aussi que les dépenses de l'État augmentent forcément tous les ans, et que tout naturellement elles devront, dans l'avenir, s'élever en proportion de la baisse des métaux précieux, du développement de la richesse publique ; que rien n'étant plus ordinaire que les dépenses extraordinaires pour les besoins

(1) Le chemin de fer du Nord en 1947, l'Est en 1949, l'Orléans en 1951, le Midi en 1957, le Lyon en 1958, etc., etc.

extraordinaires, d'autres travaux seront encore nécessaires, et nécessiteront encore des annuités plus fortes en remplacement de nos annuités qui décroissent actuellement; que les avances remboursées par les chemins de fer serviront à payer, au moins momentanément, les annuités des chemins de fer improductifs que l'État a pris, et avec raison, à sa charge; et qu'enfin la réduction successive de l'intérêt de nos dettes par les conversions ne peut pas excéder certaines limites.

Il y a longtemps qu'on nous a fait saluer le premier budget atteignant un milliard.

Nous avons passé bien vite au budget de deux milliards, et nous voici, en moins d'un demi-siècle, arrivés à dépasser TROIS MILLIARDS pour le budget seul de l'État, et TROIS MILLIARDS HUIT CENT MILLIONS pour tous nos budgets réunis (1).

Il y a là une marche ascensionnelle, irrésistible, et nous

---

(1)

		Francs.		
Budgets de	1815.....	798,590,859	(État; départ. et comm. pour partie)	
				Millions
—	1817.....	1,039,810,583		
—	moyens.....	....	sous la Restauration...	921
—	de 1831.....	1,214,610,965		
—	moyens.....	....	sous Louis-Philippe...	1,277
—	de 1849.....	1,646,000,000		
—	1852.....	1,505,000,000		
—	1860.....	1,831,000,000		
—	1869.....	2,202,681,707	compr. les ressources spéciales.	
—	moyens.....	....	sous l'Empire.........	2,079
—	1876, env.	3,598,067,145	compr. départ. et communes.	
—	1881, env.	3,830,000,000	Recettes de l'État, environ..... 3,005 — des départements, env. 160 — de Paris, env. 220 — des autres comm., env. 445	3,830

Recettes de la Grande-Bretagne et d'Irlande, pour l'exercice finissant le 31 mars 1881 2,977

— de l'Empire allemand (loi du 26 mars 1881)........... 741

— de la Prusse (loi du 28 février 1881), comprenant 330 millions de frais d'exploitation des chemins de fer. 1,141

verrons, c'est certain, dans les budgets futurs, en dehors des dépenses réellement et forcément extraordinaires, de nouveaux milliards s'ajouter aux milliards actuels; les besoins augmentent, et fort heureusement, au fur et à mesure que la valeur du capital s'abaisse.

Oui, la dépréciation des métaux précieux, le développement de la richesse sociale et tous les autres arguments invoqués contre l'amortissement auraient leur valeur, si de nouvelles charges ne résultaient pas précisément de la dépréciation des métaux et du développement de la richesse sociale. Non, tous ces arguments n'ont aucune valeur, si des charges corrélatives, dans l'avenir, viennent s'ajouter aux charges du présent; en un mot, si le budget est forcé de s'annexer tous les ans des nouveaux millions pris sur le fonds commun.

Il est vrai que, dans le retour des chemins de fer à l'État, celui-ci peut trouver des ressources considérables. Mais est-il prudent de les escompter à l'avance, et de tabler sur ce revenu, quand nous ne pouvons savoir, même d'une manière approximative si, longtemps avant 1950, leur valeur actuelle ne sera pas singulièrement amoindrie?

Il serait tout au moins banal de venir parler ici des diligences, des vaisseaux de bois, de l'armement militaire d'il y a vingt ou trente ans. Il serait puéril de parler de notre outillage industriel de 1860, il y a vingt ans. Mais que vont devenir nos usines à gaz, nos machines à vapeur, nos houillères, quand avec l'électricité, avec la force des marées, on produira sur place et on transportera à distance, la lumière, la chaleur, le mouvement? La question est, quant à présent, sinon résolue, du moins bien près de l'être.

Dès lors est-il bien déraisonnable de supposer que, dans l'industrie des transports, nous n'avons pas encore accompli, nous et nos enfants, tous les progrès possibles, et qu'en soixante-dix ans il pourra bien surgir telle invention, telle amélioration qui bouleversera de fond en comble toutes les idées en cours aujourd'hui sur la valeur possible des chemins de fer dans trois quarts de siècle (1)?

Dans l'état actuel des connaissances humaines, avec l'impulsion si rationnelle et si pratique donnée de nos jours à toutes les connaissances scientifiques et théoriques, un spéculateur oserait-il, à plus d'un demi-siècle à l'avance, escompter des valeurs industrielles?

Et, à plus forte raison, une nation prudente et sensée doit-elle, dans le calcul de son avenir, tenir compte, plus que de raison, d'événements possibles, mais dont la sagesse humaine ne saurait apprécier les conséquences?

Il faut à un grand État des certitudes plus positives; il faut — en dehors d'éventualités lointaines, et par cela même incertaines — qu'il fonctionne régulièrement, sans trouble, sans espoir chimérique, sans secousses, dans la voie de la prudence et du travail, et qu'il trouve normalement

(1) Cette seule considération nous ferait rejeter *a priori* tout rachat des lignes actuelles. L'État en est le *nu-propriétaire,* l'actionnaire en est l'*usufruitier*. Pendant le cours de son usufruit, celui-ci reste exposé à toutes les chances qui peuvent affecter cet usufruit, et il le sent tellement bien que, tous les ans, il en amortit la valeur. Pourquoi l'État ne se contenterait-il pas de sa nue-propriété, qui lui reviendra avec sa valeur intrinsèque dans l'avenir, et courrait-il en achetant l'usufruit, les chances de diminution de sa valeur d'ici à 1950? Il s'exposerait à payer fort cher un usufruit qui, dans un espace de 70 ans, a bien des chances de perdre une grande partie de ses avantages. Les risques de la nue-propriété sont suffisants.

Et puisque nous touchons cette question du rachat des chemins de fer, il faut faire observer aussi que les obligataires, qui ont actuellement deux débiteurs, la Compagnie d'abord, l'État garant ensuite, ne sont pas tenus de se contenter d'un seul débiteur : l'État. Obligataires garantis par lui, ou simples obligataires des compagnies, l'État ne peut les déposséder qu'en les expropriant, et en leur payant alors leurs titres à 500 fr.; tout comme s'il voulait exproprier les porteurs du 3 p. 100, il serait obligé de les rembourser à 100 fr.

ses ressources dans le seul développement tangible et annuel de la richesse publique.

Et c'est, en résumé, ce qui a eu lieu jusqu'à présent en France. Le pays, toujours, en temps normal, a suffi à toutes ses charges, à tous ses besoins. Que l'on ait ou non, sous certains gouvernements, bien ou mal employé les ressources du pays, nous n'avons plus maintenant, pour ainsi dire, de dettes provenant de nos travaux, de nos dépenses utiles et productives.

Nous allons, il est vrai, engager quelques milliards dans des chemins de fer, mais la répartition de la dépense est dès à présent faite sur un certain nombre d'années. Ce temps passé, les travaux nous resteront comme instruments de travail, si, à ce point de vue, ils ont encore une valeur.

Mais, en dehors de la rente amortissable, on peut affirmer que la presque totalité, sinon la totalité de nos dettes, provient, pour une partie, de mesures financières mal conçues, et pour le reste, de malheurs, d'imprudences, de calamités étrangères à notre vie normale. La guerre, pour une grande partie, nos dissensions civiles, des conversions mal entendues pour le reste, sont les causes uniques et fatales du grand nombre de milliards qui pèsent sur notre présent et sur notre avenir.

On a démontré que toute notre dette nationale, existant à la fin de l'Empire, avait pour cause la guerre et la conversion de 1862. Tout le reste de nos emprunts avait été payé par nos budgets ordinaires.

La guerre de 1870 nous a coûté 14 milliards 638 millions en frais, indemnités, remplacement de matériel, etc. (1), et plus de 30 milliards avec ses conséqnences plus ou moins directes ; mais si on veut se borner à ne compter

(1) Recueil des traités, conventions, lois, décrets et autres actes relatifs à la paix avec l'Allemagne, publié par le Ministère des Affaires étrangères.

« dans le prix de la guerre que ce qu'elle a coûté aux budgets, j'arrive à 11 milliards » (1).

Sur ces 11 milliards, nos budgets annuels ont pu acquitter un milliard et demi. Par conséquent, l'impôt a suffi et au delà à nos dépenses courantes, et il ne peut être contesté par personne que, LES SEPT MILLIARDS DU 5 P. 100 ONT POUR CAUSE UNIQUE LA GUERRE DE 1870, cette guerre qui a désorganisé nos finances, comme elle a désorganisé tout notre système de défense, comme elle a désorganisé notre armée.

Notre armée avait été détruite, le pays l'a reformée ; nos forteresses avaient disparu, le pays en a rebâti de nouvelles ; nos canaux, nos chemins de fer avaient été coupés, le pays en a rétabli le réseau. Tous les désastres nous avaient frappés ; le pays, non seulement les a réparés avec entrain, avec dévouement, avec patriotisme, mais encore il a reconstitué nos arsenaux, nos approvisionnements de toute nature, il a prévu pour l'avenir tout ce que l'on pouvait humainement prévoir.

L'épargne du pays a servi à payer notre rançon : tous, en France, travailleurs et rentiers, propriétaires et ouvriers, paysans, commerçants et industriels, nous avons, soit par l'impôt direct, soit par l'impôt indirect, acquitté, dans les circonstances les plus difficiles, des taxes énormes pour la reconstitution de nos frontières, de notre matériel, de notre armée !

Nous avons sacrifié le bon marché de notre outillage économique ; nous avons augmenté nos prix de revient, et, par conséquent, nos prix d'achat et de vente, de tout ce qui était nécessaire pour arriver à effacer nos désastres.

Pourquoi donc ne reconstituerions-nous pas l'épargne du

(1) Discours de M. Léon Say aux électeurs sénatoriaux de Seine-et-Oise (décembre 1881).

pays, pourquoi ne paierions-nous pas effectivement et réellement la rançon de la fortune publique? Pourquoi ne la remettrions-nous pas, aux générations qui viennent, dans l'état où nous l'avons reçue de nos pères?

Pourquoi, en un mot, ne nous placerions-nous pas, avec la fortune du pays, dans l'état où nous nous sommes placés avec son armement, avec ses défenses, avec sa reconstitution générale?

Pourquoi enfin, après avoir réparé, autant qu'il était en nous, la brèche faite à tout ce qui constitue la sécurité de la nation, ne réparerions-nous pas la brèche faite à sa fortune? Devons-nous laisser ouverte la porte à la banqueroute, cette autre invasion financière?

Est-ce que, — si des événements imprévus survenaient, événements imprévus qu'il faut toujours prévoir quand il s'agit du pays, — il ne nous faudrait pas aussi de nouveaux milliards pour soutenir nos nouveaux sacrifices d'hommes et d'efforts patriotiques?

Est-ce que nous aussi, nous n'avons pas le devoir de constituer notre trésor de guerre, ou, ce qui revient au même, de payer nos anciennes dettes, pour retrouver, en cas de besoin, à des conditions favorables, tout l'outillage financier qui deviendrait aussi nécessaire que l'outillage militaire?

Sans insister plus longuement sur ce côté patriotique de la question, et en ne songeant pas même à de nouvelles catastrophes, est-ce que le paiement de 7 milliards de nos dettes, qui se fera tous les ans par fractions précises, connues à l'avance, ne jettera pas annuellement sur le marché de nouveaux capitaux pour l'industrie, le commerce, la banque? Ces capitaux ne seront-ils pas bien plus considérables que ceux que l'absence d'amortissement laisserait aux contribuables, et dont certaine école économique prétend que la capitalisation entre leurs mains, par leur travail, serait bien autrement productive que l'amortissement? N'est-il pas vrai que l'amortissement pourrait coûter un franc par an à chacun des membres de la nation — 35 millions de francs pour 36 millions d'individus, à peu près le dixième de ce que chacun dépense pour du tabac — et qu'il serait bien étrange que chacun des 36 millions de Français, économisât sur sa dépense annuelle et pour le capitaliser, ce franc par an que ne lui prendrait plus l'impôt?

Peut-on comparer une telle éventualité à l'avantage certain, indiscutable de l'État rendant tous les ans, 20, 40, 100 millions, par grosses sommes, allant immédiatement et naturellement chercher un nouvel emploi? Est-ce que ces millions, affluant sans cesse sur le marché, en quête d'un placement, ne feront pas baisser le taux de l'intérêt, diminuer le prix du capital, n'allègeront pas aussi le prix de notre production et de notre consommation?

Ces effets économiques si désirables ne permettront-ils pas de répandre davantage l'instruction, l'aisance parmi nos travailleurs ; de prélever moins par l'impôt sur les salaires, sur les transports, sur les mille transactions qui grèvent la production journalière et l'économie annuelle? Qu'est-ce que c'est que quelques millions employés ainsi à amortir, au lieu de dégrever? Et ne trouvera-t-on pas ailleurs, à d'autres sources, bien plus fécondes sous ce rapport que la conversion, les quelques millions qu'elle consacrera tous les ans au remboursement de 7 milliards? (1)

---

(1) On trouvera ces ressources :

1° Dans les plus-values budgétaires ;

2° Dans la suppression et le remplacement des droits d'octroi, des droits sur les boissons, des prestations, etc. ;

3° Dans l'établissement d'un impôt sur le revenu, ne faisant aucun double emploi avec les impôts existants, et qui peut s'établir sans arbitraire et sans

Nous convenons volontiers qu'en remboursant ces 7 milliards, nous en enlevons le placement assuré dans une valeur chère aux capitalistes. Nous savons que la théorie des placements avantageux pour les rentiers est très séduisante; mais bien plus séduisante, pour nous, est celle qui permet l'économie, source de la création des capitaux à placer, celle qui permet de produire beaucoup, et à bon compte, et de former ainsi la richesse de tout le monde.

Ceux qui auront cette richesse sauront déjà tout seuls, et à leurs risques et périls, placer leurs capitaux à l'abri; et certainement l'État ne peut, ne doit pas conserver une dette, aux arrérages payés par le pays tout entier, pour assurer la sécurité du placement de leur argent à ceux qui ne sauraient pas le protéger eux-mêmes.

Quant à prétendre que nos travaux actuels s'exécutent avec nos seules épargnes et profiteront uniquement aux générations futures, auxquelles on devrait laisser toute la charge de leur paiement dans l'avenir, nous croyons que c'est une profonde erreur, car si nos travaux s'exécutaient avec nos seules épargnes, nous n'aurions pas de dettes perpétuelles ou amortissables.

L'objection, fût-elle juste d'ailleurs, ne pourrait l'être qu'en ce qui concerne nos dépenses productives. Elle est fausse, radicalement fausse, pour les dépenses improductives, comme les dépenses de guerre, qui sont non seule-

---

inquisition, sans aucun des défauts reprochés avec raison à l'impôt sur le revenu, tel qu'on l'a entendu jusqu'à présent.

L'auteur de cette brochure se propose de publier prochainement un travail d'ensemble sur ces questions intéressantes, qui sont toutes connexes, et dont celle de la conversion forme, pour ainsi dire, un chapitre détaché de l'ensemble. C'est pourquoi il parle actuellement et d'une manière générale seulement, des dégrèvements, sans désigner plus particulièrement ceux auxquels devra s'appliquer la partie du bénéfice de la conversion non réservée à l'amortissement.

ment une perte, mais encore un malheur dans le présent et un malheur dans l'avenir. Or, qui contestera que le 5 p. 100 ne soit une dette de guerre, une dette improductive, un malheur qui nous charge, qui nous pèse, et qui chargera et qui pèsera, sans compensation aucune, sur les générations futures?

Qu'un nouveau malheur nous arrive, guerre ou crise intérieure, qu'à la dette existante il faille en ajouter une nouvelle, que deviendra le pays, que deviendront nos successeurs? A quelles sources fâcheuses faudrait-il frapper pour pouvoir payer les nouveaux impôts que nécessiteraient de nouveaux emprunts?

Ce qui nous a permis de nous relever de nos désastres, c'est notre richesse, c'est notre travail national. S'il fallait les frapper à nouveau, et plus rudement encore, si, aux charges existantes, il en fallait ajouter de nouvelles, le pays, au lieu de se relever et de réagir, comme il l'a fait, succomberait affaissé, accablé sous le fardeau.

C'est donc dans l'intérêt du pays lui-même, que le pays doit amortir ses dettes. Peu importe que l'amortissement soit ou non du goût de telle ou telle école économique, ou de tels ou tels financiers, de tels ou tels spéculateurs ; peu importe même qu'à tort ou à raison, il soit du goût de certains porteurs de notre dette ; un intérêt supérieur, celui du pays, commande : il faut lui obéir, il faut amortir.

Les dépenses faites depuis nos malheurs, nos sacrifices matériels de toute nature, n'ont pas été du goût de tout le monde ; le service militaire obligatoire pour tous n'a pas excité l'enthousiasme de toutes les classes de la population. Et pourtant on a reconnu que le patriotisme commandait, et chacun a obéi.

Que l'amortissement plaise ou ne plaise pas à certains économistes, à certains banquiers, à certains capitalistes même, il est de l'intérêt du pays que l'amortissement fonctionne et il doit fonctionner.

Et si nous parlons de certains rentiers, auxquels ne plaît pas la rente amortissable, il faudrait encore nous expliquer à cet égard, ou pour mieux dire, il faudrait s'expliquer avec eux et leur démontrer combien est injuste et fausse, nuisible même à leurs intérêts, leur appréciation actuelle de l'amortissement.

Il est un fait certain, indiscutable, c'est qu'à l'heure présente, le 3 p. 100 amortissable ne plaît pas aux rentiers. Le prix auquel on peut se le procurer en ce moment, ne répond pas à sa valeur intrinsèque, mathématique.

Au cours d'aujourd'hui, il vaut juste 3 fr. 30 cent. de plus que le perpétuel, et la Bourse le cote presque au même prix que le non amortissable.

Pourquoi cela ? La Bourse passe généralement pour savoir assez bien calculer.

Les causes de cette défaveur sont multiples. Il y a d'abord fort peu d'amortissable émis, il est encore scindé en deux parties : le libéré, le non libéré. Le marché est donc court, restreint, insuffisant ; les offres et les demandes n'y trouvent pas facilement leurs contre-parties.

La spéculation qui, d'ailleurs, n'aime pas les fonds amortissables, ne peut s'exercer à l'aise dans un espace trop restreint. On l'a d'ailleurs, dès l'origine, expulsée du marché, en livrant un à un seulement, suivant les besoins du Trésor, les titres d'amortissable, sans prime aucune, aux capitalistes qui voulaient placer leurs fonds.

L'émission a été faite au prix le plus rationnel, celui du marché, mais il en est résulté un très grave inconvénient. Le rentier a payé 10 fr. de plus que le perpétuel, une valeur dont l'avantage était de 4 fr. seulement. Il s'est engoué, comme on l'a dit, pour *le plus heureux des trois*.

Puis la réaction est venue. Le rentier, seul souscripteur possible d'une valeur cotée trop cher, a pris peur : il a vendu et s'est bien promis de ne plus rentrer à l'avenir dans un fonds d'État débutant, pour lui, par un gros déboire.

Pour les émissions suivantes, il a fallu renoncer à la vente des titres à la Bourse.

On a fait des souscriptions publiques, à prix inférieur au cours du jour. La spéculation s'en est alors donné à cœur joie : il n'y en a eu que pour elle.

Aujourd'hui, elle veut réaliser ses bénéfices sur la bourse du rentier ; celui-ci, qui attend tous les jours, à tort ou à raison, de nouvelles émissions de 3 amortissable à bas prix, et qui trouve dans les reports un placement momentané très lucratif, celui-ci résiste, et d'autant plus qu'il peut mieux attendre avec bénéfice les effets heureux de sa résistance.

La spéculation, qui se lasse de rester indéfiniment chargée d'une valeur sur laquelle il y a encore des versements à opérer, cherche, à tout prix, à réaliser ce qu'elle pourra conserver de ses différences.

Le capitaliste ne se décide pas ou se décide lentement ; et le titre, à vil prix, reste flottant sur le marché, ou, qui pis est, en gage, en report : *il n'est pas classé.*

Mais, supposons trois choses : d'abord que le 3 amortissable soit complètement libéré, et, comme tel, plaise davantage déjà au rentier qui aime à payer d'un coup, sans prendre d'engagement d'échéances.

Supposons ensuite que, prudemment, comme on devrait le faire pour quelques années, on arrête le robinet d'émission du 3 amortissable.

Supposons surtout que la conversion se fasse en rente amortissable, à un prix supérieur à 100 fr., à 110 ou

120 fr. si on veut; voilà, du jour au lendemain, classés en bonnes mains, d'abord le 3 amortissable, puis 7 nouveaux milliards d'amortissable, avec un intérêt plus fort que celui du 3 p. 100.

Voilà que le 5 p. 100 ayant disparu par la conversion, — qui absorbera aussi le 4 1/2 et le 4 existants à ce jour, — il ne reste plus sur le marché que du 3 p. 100 perpétuel et des rentes amortissables : le 3 actuel et la rente amortissable provenant de la conversion.

Croit-on que le rentier, porteur maintenant de 7 milliards de rente amortissable, ne saura pas bien vite se rendre compte de leur valeur? Croit-on qu'un marché vaste, bien alimenté, ne fera pas pénétrer dans l'esprit même le plus récalcitrant, une vérité qui se traduit forcément par l'inscription du prix à la cote? Croit-on que la spéculation elle-même, malgré ses répugnances, n'arrivera pas promptement à absorber d'abord, à reclasser ensuite toutes les inscriptions devenues flottantes sur le marché?

Et quelles seront, en résumé, ces inscriptions flottantes sur le marché?

Au 1er janvier 1879, il y avait 2,431,176 inscriptions de 5 p. 100. Avec la conversion, il y a, forcément, sans aller solliciter personne, sans offrir à personne un nouveau placement pour de nouveaux capitaux, 2,431,176 personnes qui recevront des inscriptions du nouveau fonds. Elles trouveront là un placement tout fait, un placement d'État, sous la protection de l'État, un placement accepté d'avance par elles, puisqu'au lieu de l'accepter, elles auraient pu demander le remboursement de leur ancienne créance et qu'elles n'auront pas voulu de ce remboursement.

Pourquoi alors vendraient-elles leurs nouveaux titres acceptés par elles? Avant de les accepter elles auront parfaitement, et en toute connaissance de cause, compris que prendre de l'amortissable valait mieux que de se faire rembourser.

Elles garderont donc leur amortissable; et si, par hasard, au commencement, le public n'avait pas pu ou pas su en apprécier toute la valeur, — dans un temps très court (car il n'y a pas de plus prompt moniteur ni de meilleur conseiller que l'intérêt personnel), on en arriverait sûrement à apprécier, comme ils le méritent, les avantages supérieurs de cette sorte de placement.

L'amortissement lui-même, surtout si, dès l'origine, il fonctionne largement en remboursant de fortes sommes avec de larges primes, se chargera, s'il le faut, à chaque tirage, de vaincre, chez les plus obstinés, ce qui leur resterait de préjugés.

Et il se créera bientôt, on peut en être certain, bien peu de temps après la conversion, un marché d'amortissable large, suffisant, capable d'absorber en même temps tous les 3 p. 100 amortissables créés ou à créer.

Qu'on nous permette un dernier mot et la question sera épuisée. Toutes les théories sur l'amortissement se réduisent à savoir, non pas si on mettra un impôt de 1 fr. par tête sur chacun des 36 millions de Français, mais à savoir si, oui ou non, étant donné que la conversion doit assurer à chacun de nous 2 fr. de réduction d'impôt sur les 109 ou 110 fr. que nous payons tous les ans, nous serons assez sages pour nous contenter d'une réduction de 1 fr. par an, et pour consentir à ne pas voir diminuer nos contributions de l'autre franc, quitte à attendre, avec un peu de patience, que d'autres réformes prochaines nous restituent bientôt ce malheureux franc, nous allions écrire ces malheureux vingt sous.

Disons encore, et nous le démontrerons facilement par la suite, que *de toutes les conversions possibles,* c'est celle qui repose sur *l'amortissement qui coûtera le moins cher aux contribuables et sera le plus profitable pour les rentiers.*

Et pour résumer le présent chapitre, eu égard à tous les motifs que nous avons développés, — peut-être un peu trop longuement, — nous espérons avoir prouvé la nécessité d'amortir notre 5 p. 100, dette de guerre au premier chef, dette qu'une occasion, unique peut-être, permet de transformer en rente amortissable.

Nous déclarons donc que, dans nos appréciations à venir et tout en tenant compte des dégrèvements indispensables, nous tiendrons grand compte aussi des nécessités d'amortir, trop heureux, si en faveur du genre d'amortissement un peu spécial que nous proposerons, nous avons la bonne fortune de rallier à notre cause quelques-uns des ennemis de l'amortissement, tel qu'on l'a pratiqué jusqu'à ce jour.

Avant d'exposer l'ensemble de nos idées à cet égard, il devient nécessaire d'examiner les différentes sortes de conversion que l'on a proposées jusqu'à présent ou que l'on pourrait bien proposer encore.

II

DES DIFFÉRENTS SYSTÈMES DE CONVERSION EN RENTES PERPÉTUELLES

Conversions en 4 1/2, en 4 1/4, en 4 p. 100. — Leurs avantages et leurs inconvénients. — Conversions diverses en 3 p. 100 perpétuel. — Elles n'augmentent pas plus que les autres conversions le chiffre de la dette nationale. — L'unification de la dette, préjugé économique. — Comment, à cause de sa cherté, il faut renoncer à la conversion en rentes perpétuelles.

Examinons d'abord les différents systèmes de conversion possibles en rentes perpétuelles.

Conversion en 4 1/2 p. 100. — Le système le plus simple, le plus pratique qu'on ait proposé, c'était celui-là. L'État eût bénéficié de 35 millions, et les rentiers, sans cesse prévenus de l'imminence de la conversion, s'attendant à perdre davantage sur leur revenu et sur la valeur de leur capital, auraient été empressés à l'accepter.

Dans le fait, ils n'auraient perdu que le dixième de leur revenu, et ils auraient compté pour rien la légère et momentanée dépréciation de leur capital. Le 5 n'étant pas, depuis longtemps, coté à sa valeur réelle à cause de la crainte d'une conversion imminente, le 4 1/2, stipulé non remboursable pendant un certain temps, aurait bien vite atteint et même dépassé le prix du 5 p. 100, comprimé dans son essor par l'éventualité du remboursement au pair, possible tous les jours.

Cette conversion en 4/2 était pratique depuis fort longtemps. Il est très heureux qu'elle n'ait pas été faite.

Le Gouvernement, obligé de garantir pour dix ans les rentiers contre toute nouvelle offre de remboursement, a préféré, au prix d'un sacrifice de 35 millions par an, conserver sa pleine et entière liberté de faire l'opération quand elle lui semblerait faisable dans de meilleures conditions.

L'événement lui a donné raison : le taux auquel a baissé l'intérêt de l'argent, depuis le moment où la conversion en 4 1/2 était possible, va permettre de convertir à de bien meilleures conditions et de récupérer largement, dans l'avenir, le bénéfice abandonné jusqu'à présent en ajournant l'opération.

Par la conversion en 4 1/2 p. 100, on n'eût eu de bénéfice que 35 millions par an, c'est-à-dire la part tout juste des dégrèvements, et rien, absolument rien, pour l'amortissement.

Or, comme, suivant nous, il faudra toujours en venir à amortir notre dette, si l'on n'avait commencé à amortir que dans dix ans, les contribuables, à raison de 315 millions par an, auraient payé 3,150 millions (plus de 3 milliards) l'ajournement à dix ans du commencement de l'amortissement.

Cette seule considération a dû faire rejeter et ferait rejeter encore la conversion en 4 1/2 p. 100.

Conversion en 4 1/4 p. 100. — C'est une espèce de cote mal taillée offerte aux contribuables et aux rentiers. On n'osait pas demander à 4 p. 100 l'argent des capitalistes, et les rentiers n'auraient pas osé demander 4 1/2 p. 100.

On put penser un instant se mettre d'accord en coupant en deux la différence.

Mais de la rente 4 1/4, c'est bien peu pratique. Nous parlons ailleurs des inconvénients d'un tel type de rente et, pour ne pas trop nous répéter, nous engageons les partisans de cette sorte de conversion à lire ce que nous disons plus loin du 4 1/4.

CONVERSION EN 4 P. 100. — Dans l'état du crédit, il semble que l'on pourrait offrir tout simplement 4 fr. au lieu de 5 fr. d'intérêt pour les 100 fr. que doit l'État aux porteurs du 5 p. 100.

L'État pouvant, s'il le voulait, trouver à emprunter à 3 1/2 ou 3 3/4, se montrerait très large, dit-on, s'il consentait à donner 4, et surtout s'il voulait garantir ce taux pour dix années.

Personne ne songerait à se plaindre ; il n'y aurait même aucune demande de remboursement, parce que le nouveau 4 p. 100 devrait forcément, dès son apparition et à cause du cours des autres valeurs, se coter bien au-dessus du pair.

Absolument rien à changer aux inscriptions actuelles : lors du paiement des arrérages, on les frapperait d'une simple estampille indiquant la réduction en 4 p. 100 de l'intérêt 5 p. c.

Le bénéfice de l'État serait de 70 millions par an. On l'appliquerait tout entier aux dégrèvements, suivant les uns, on le partagerait entre l'amortissement et le dégrèvement, suivant les autres.

Pour nous, nous estimons que le taux de 4 p. 100 à offrir aux rentiers représente parfaitement la valeur réelle et actuelle de l'intérêt des 100 fr., capital du 5 p. 100 : nous n'élèverons donc aucune objection à cet égard, puisque nous arriverons nous-même à proposer à peu près ce taux de 4 p. 100, dans des conditions différentes, il est vrai, mais pourtant, dans le fond, différentes seulement pour les rentiers.

Néanmoins, nous rejetons absolument l'application des 70 millions aux seuls dégrèvements : nous ne nous étendrons pas davantage sur ce qui a été dit de la nécessité d'amortir.

Nous rejetons de même le partage de ce bénéfice entre les dégrèvements et l'amortissement. La raison en est bien simple. Quand nous parlons d'amortir, nous entendons amortir réellement, logiquement, effectivement. Eh bien, avec un 4 p. 100 fonds d'État, créé au pair, l'amortissement n'est pas possible. On peut le démontrer en quelques lignes.

Personne ne contestera qu'un fonds français, remboursable à 100 fr. et rapportant 4 fr. d'intérêt par an, ne vaille plus que le pair. Il est bien dans la pensée de ceux qui en proposent la création qu'il doit, *dès son apparition*, être coté au moins aux environs de 105 fr.

Pour avoir 4 fr. de rente 3 p. 100 au cours actuel de 85 ou 86, un rentier devrait débourser 114 à 115 fr. Beaucoup, certainement, préféreront ne débourser que 105 ou 106 fr. pour avoir le même revenu de 4 fr. en une autre sorte de rente, dépourvue, il est vrai, — et c'est pour cela qu'elle vaudra moins cher, — de certains avantages éventuels réservés au 3 p. 100.

Voilà pourquoi, tout d'abord, le 4 p. 100 vaudra au moins 105 fr.

Il faut admettre aussi que, par la dépréciation forcée du cours de l'argent, par suite du nivellement de notre crédit avec celui d'autres nations, notre 3 p. 100 augmentera naturellement, et que le 4 suivant la même marche, le voici, on peut le supposer, à 110 ou 112 fr.

Comment amortira-t-on alors?

L'amortissement fonctionnera-t-il pour racheter au dela du pair? La question est depuis longtemps jugée : l'amortissement est l'erreur économique la plus flagrante quand on rachète des rentes au-dessus du pair, alors que pendant ce temps on est obligé d'émettre des rentes au-dessous du pair. L'État rachète d'une main et fort cher, ce que, de l'autre, il est obligé de vendre à un prix bien inférieur. Toutes les nations sont revenues de ce système et on ne peut plus le soutenir aujourd'hui.

Donc, avec la création d'un 4 p. 100 perpétuel, l'amortissement ne peut pas fonctionner par la voie du rachat.

Il ne peut fonctionner que par la voie du tirage au sort, et alors, que faut-il faire?

En créant le 4 p. 100, en passant avec les rentiers la convention, le contrat relatif à cette création, il faut que l'on stipule que tous les ans on tirera au sort pour 30 ou 35 millions de 4 p. 100, qu'on les remboursera au pair et qu'on annulera les inscriptions remboursées.

Eh bien, supposons le cours de 105 ou 110 fr. acquis. Quand une inscription sera appelée au remboursement à 100 fr., il y aura pour son propriétaire une perte immédiate de 5 ou de 10 fr. sur 105 ou 110 fr. Position contraire à tout ce qui se passe lors de tous les tirages bien compris, position impossible pour un rentier, pour un père de famille qui doit placer ses économies de manière à en maintenir la valeur réelle, s'il ne les place même pas dans le but d'augmenter son capital.

L'État ne peut s'exposer à entendre tous les ans les murmures, les plaintes, les doléances des porteurs du 4 p. 100 remboursés avec perte des fonds confiés à sa garde, à sa bonne foi. Il est inutile d'insister sur les inconvénients d'un tel système pour tout gouvernement sérieux, surtout pour la République.

Si ces considérations morales et politiques ne suffisaient pas, nous ajouterions que la conception financière serait mauvaise d'un fonds public de 7 milliards, retenu dans son essor par le boulet du remboursement annuel de quelques millions au-dessous de la valeur cotée. Une telle conception nuirait au crédit de l'État, par conséquent à la fortune publique et privée.

Nous croyons donc que financièrement, politiquement, moralement, l'État ne peut faire la conversion en 4 p. 100 au pair.

Ajoutons encore, — c'est là, il est vrai, un peu secondaire, — que l'État irait rigoureusement jusqu'au bout de son droit, en imposant, sous peine d'un remboursement plus funeste encore, une telle conversion aux rentiers. Ils y perdraient de suite brusquement, sans ménagements, sans transitions, sans autre espoir dans l'avenir que celui d'une conversion nouvelle et plus dure encore, le cinquième de leur revenu et le dixième de leur capital actuel.

Summum jus, summa injuria, surtout si l'État, et nous espérons le démontrer, peut faire plus pour les rentiers, tout en faisant autant pour les contribuables.

Il y a enfin une dernière considération, plus puissante que toutes les autres, qui doit faire rejeter absolument la conversion en 4 p. 100 au pair. C'est qu'elle coûterait au moins autant que la conversion en 3 p. 100 perpétuel, laquelle lui est préférable sous tous les rapports.

Nous nous expliquons immédiatement.

LES CONVERSIONS EN 3 P. 100 PERPÉTUEL

On peut convertir de cette façon en donnant plus ou moins de 3 p. 100 en échange de 5 fr. de 5 p. 100. C'est pourquoi nous disons *les* et non pas *la* conversion en 3 p. 100 perpétuel. Quels que soient ces modes différents, tous partent d'un même principe : donner un intérêt moins fort, mais, par contre, élever le montant du capital remboursable, sans fixer l'époque du remboursement laissé possible pour l'État seul, dans un avenir inconnu.

Pour expliquer en quoi la conversion en 3 p. 100 perpétuel serait plus avantageuse que la conversion en 4 p. 100 au pair, nous demandons la permission, dans l'intérêt de la clarté de nos déductions, de dire pourquoi les uns désirent, pourquoi les autres rejettent la conversion en 3 p. 100.

Les uns disent : la conversion en 3 p. 100, donné évidemment au-dessous du pair, au-dessous de 100 fr., augmente dans des proportions considérables la dette publique ; celle-ci est assez forte déjà et il ne faut plus l'augter, surtout pour une simple combinaison financière.

Les autres répondent : la conversion en 3 p. 100 aurait pour effet d'unifier notre dette. L'unification est une mesure incontestablement désirable. Donc, pour unifier, il faut convertir en 3 p. 100 et réunir ainsi en un seul type, un type unique, le 3 p. 100 existant et le 3 p. 100 à provenir de la conversion. Peu importe l'augmentation de la dette, puisque le 3 p. 100 est perpétuel et qu'on ne le remboursera pas : les conséquences de l'unification compenseront, et au-delà, les inconvénients moraux d'une augmentation apparente, mais qui n'aura aucun effet matériel.

Voyons ce qu'il y a de vrai au fond de ces deux arguments.

Augmentation de la dette. — Le raisonnement est celui-ci. Si vous convertissez le 5 en 3 à un cours raisonnable, 80 fr. par exemple, vous aurez l'avantage de ne plus desservir que 3 fr. 75 d'intérêt aux rentiers; mais, en échange, vous porterez à 8 milliards 3/4 la dette de 7 milliards. Augmentation funeste, inutile, condamnable.

Ce raisonnement est spécieux et complètement faux.

On oublie qu'en faisant cette sorte de conversion, on contracterait non pas une, mais deux dettes distinctes : la dette d'un intérêt et la dette d'un capital.

Or, combien de temps durera la dette de l'intérêt, combien de temps durera la dette du capital?

Généralement, quand on veut chez nous exprimer une quasi-perpétuité, on parle de quatre-vingt-dix-neuf ans. Supposons donc que la perpétuité durera quatre-vingt-dix-neuf ans, et ce n'est pas supposer un trop long terme, si quand on désire payer par à compte, on parle d'amortir, de rembourser en soixante-quinze ans. Donc, admettons momentanément, pour les besoins de notre démonstration, que l'État remboursera dans quatre-vingt-dix-neuf ans la dette perpétuelle.

Eh bien, l'intérêt à desservir pendant quatre-vingt-dix-neuf ans aux rentiers pour le 3 p. 100 qu'on leur donnerait, lors de la conversion, à 80 fr., serait de 262 millions 1/2 par an, soit pour quatre-vingt-dix-neuf ans 26 milliards

Ajoutons-y les 7 milliards, portés par le remboursement à.................... 8 — 3/4

Le total payé en quatre-vingt-dix-neuf ans par les contribuables, serait donc de 34 milliards 3/4 pour remboursement, intérêt et capital, de la dette de 7 milliards.

Combien paieraient-ils donc, si, au lieu de 3 p. 100 remboursable à 100 fr., on convertissait en 4 p. 100 rembour-

sable à 100 fr., c'est-à-dire si on n'augmentait pas le capital de la dette?

L'intérêt à 4 p. 100 de 7 milliards est, par année, de 280 millions, à payer pendant quatre-vingt-dix-neuf ans, ci.................. 27 milliards 3/4.

Ajoutons-y les 7 milliards à rembourser seulement par........................ 7 —

Le total payé en quatre-vingt-dix-neuf ans par les contribuables, serait donc de 34 milliards 3/4 pour remboursement, intérêt et capital de la dette de 7 milliards,

EXACTEMENT LA MÊME CHOSE.

D'où l'on doit conclure qu'avec du 3 p. 100 donné à 80 fr. ou avec du 4 p. 100 donné au pair, les contribuables, s'ils remboursent au bout de quatre-vingt-dix-neuf ans, paieraient une même somme; *mais que, comme ils ne rembourseront pas au bout de quatre-vingt-dix-neuf ans,* toute année qui prolongera l'époque de leur libération leur coûterait, avec du 4 p. 100, 17 millions 1/2 de plus qu'avec du 3 p. 100.

Par conséquent, la conversion en 4 p. 100 perpétuel est plus chère pour les contribuables que la conversion en 3 p. 100 perpétuel.

Et puisqu'en résumé, la conversion en 3 p. 100 ne présente aucnn des dangers que nous avons signalés pour le 4 p. 100, et que, de plus, elle reviendrait à meilleur marché, nous avons raison de dire qu'*il faudrait ne pas convertir en 4 p. 100, mais bien plutôt en 3 p. 100,* pour le cas où l'on serait malheureusement forcé à opter entre ces deux types de rentes, et que *c'est un véritable sophisme d'opposer au 3 p. 100 l'augmentation du chiffre de la dette,* augmentation qui ne lui est pas spéciale, et qu'il partage seulement avec tous les autres types d'arrérages perpétuels.

Ne parlons donc plus ni des avantages du 4 p. 100, ni de l'argument qui, — par suite d'un malentendu, prenant seulement un des deux facteurs constitutifs d'une dette, le capital à rembourser, et laissant dans l'ombre l'autre facteur, l'intérêt desservi — reproche au 3 p. 100 un tort imaginaire, et passons à l'avantage spécial que voient dans le 3 p. 100 perpétuel, les partisans de l'unification de notre dette consolidée.

Unification de la dette consolidée. — Suivant ceux qui la prônent, l'unification de notre dette consolidée aurait pour effet de faire disparaître la concurrence de bon marché que se font nos différents types de rentes. En les réunissant toutes dans une espèce unique, la meilleure, l'unification donnerait à cette espèce une valeur bien plus grande par suite de son monopole. Le marché, en conséquence, deviendrait plus large, le classement meilleur ; le crédit de l'État serait mieux coté, les rentiers verraient leur capital s'élever, etc., etc. S'il y a encore 14 fr. de différence entre les consolidés anglais et le 3 p. 100 français, c'est uniquement parce que les Anglais n'ont plus qu'un seul type de rente et qu'ils ont fait l'unification.

Tel est l'argument de l'unification.

Sans examiner de trop près la question de savoir si l'Angleterre a unifié sa dette autant qu'on veut bien le dire, nous autres Français, nous devons nous rappeler qu'il ne faut pas toujours et quand même, prôner les unifications.

Certaines d'entre elles nous ont trop mal réussi au point de vue politique, pour que nous en soyons, *a priori*, les partisans aveugles au point de vue économique.

D'abord, nous croyons que l'unification de la dette, excellente pour l'Angleterre, est très peu souhaitable pour la France, et nous le démontrerons tout à l'heure; mais souhaitable ou non, la question d'unification ne doit pas se greffer sur une question de conversion. Celle-ci, par la multiplicité d'intérêts qu'elle remue, est déjà par elle-même suffisamment compliquée, sans la compliquer encore davantage, en cherchant à la faire entrer de gré ou de force, elle et tous les intérêts qui gravitent autour d'elle, dans un moule immuable, fixé à l'avance, n'ayant aucune élasticité, aucun ressort, et ne pouvant se prêter ou s'élargir, même dans la plus faible limite.

Que la conversion ne fasse rien pour empêcher plus tard l'unification de la dette, nous le voulons bien, à la rigueur; mais que d'un coup, et d'un seul coup, on veuille arriver à l'unification, c'est contraire à la logique et à tous les précédents, même à ceux que l'on invoque.

C'est par des conversions successives et beaucoup de conversions successives, que l'Angleterre est parvenue à ce résultat de l'unification, très bon pour elle, mauvais peut-être pour nous. Le 6 p. 100 anglais a été converti en 5 p. 100 en 1717, puis conversions en 1729, 1750, 1759.

En 1822, conversion du 5 en 4 p. 100 nouveau. En 1826, conversion du 4 p. 100 en 3 1/2. En 1830, conversion également du nouveau 4 p. 100 en 3 1/2.

En 1844, tout le 3 1/2 converti en 3 1/4; en 1854, le 3 1/4 converti en 3.

Alors seulement fut accomplie la soi-disant unification.

Si l'on voulait, chez nous, arriver à l'unification, il faudrait aussi procéder par des conversions successives, et ne pas vouloir brusquer les choses.

A une époque assez voisine de nous, on a aussi parlé d'unifier la dette; c'était un prétexte, nous en convenons; mais prétexte ou non, l'expérience, qui a du reste avorté complètement, a coûté un accroissement de 1,600 millions de la dette, sans aucune compensation dans la quotité des arrérages alors desservis (1).

Mais l'unification même de la dette française est-elle bien désirable? En principe, cela ne nous paraît pas du tout démontré.

En France, la richesse publique, la propriété des terres ou des rentes sont tout autrement distribuées qu'en Angleterre. Si la véritable propriété immobilière, celle qui s'étend sur une certaine surface, est, chez nos voisins, le privilège de quelques-uns, chez nous, les grands, les moyens, les petits propriétaires sont bien plus nombreux. De même en France, la rente d'État est entre toutes les mains. Il y a plus de 4 millions d'inscriptions de rentes au nom d'un porteur unique (2), mais représentant des propriétaires collectifs, la femme, les enfants, la famille, ce qui veut dire que 12 ou 15 millions de citoyens français participent à la distribution de nos fonds publics.

Nous ignorons combien il y a, chez nos voisins, de rentiers inscrits au grand livre de la dette, mais nous pouvons affirmer que les consolidés sont chez eux, comme la grande propriété immobilière, dans un petit nombre de mains. Il faut être très riche, en effet, pour se contenter du faible revenu de la rente anglaise, et une telle valeur ne peut évidemment se répandre dans les masses, quand même celles-ci auraient quelques économies.

---

(1) La conversion Fould de 1862. Nous en parlons plus loin.

(2) Au 1er janvier 1879, il y avait (la rente amortissable non comprise) :

2,431,176	inscriptions de	5 p. 100 pour	345,873,512	fr. de rentes.
159,459	—	4 1/2 p. 100 pour	37,442,779	—
786	—	4 p. 100 pour	446,096	—
1,476,114	—	3 p. 100 pour	363,040,565	—
4,067,535	inscriptions pour		746,802,952	fr. de rentes.

Chez nous, au contraire, la plupart des épargnes vont à la rente, et le chiffre moyen des inscriptions est de 183 fr.

Nos fonds d'État s'adressent donc à toutes les classes de notre population. Suivant sa fortune, on en possède plus ou moins. Suivant sa fortune, on choisit, puisque l'État français a différents types de rentes, celui qui convient le mieux à ses besoins.

Le rentier riche n'ayant pas l'emploi de tout son revenu, choisit un type de rente donnant un faible revenu, mais destiné à se rapprocher du pair, et cherche par conséquent ainsi à augmenter son capital aux dépens de son revenu : il prend du 3 p. 100.

Le petit rentier qui a, lui, besoin de vivre sur ses revenus, choisit, au contraire, parmi les fonds français, celui qui, doté d'une sécurité aussi grande, mais d'un moindre avenir, plus exposé au remboursement, lui assure en revanche un placement à plus gros intérêt : il prend du 5 p. 100.

Et ces petits capitalistes sont les plus nombreux, ils sont 2 millions et demi à se partager le 5 p. 100, tandis que le 3 p. 100, d'une valeur totale même supérieure au 5, ne compte qu'un million et demi de co-partageants.

Voilà deux clients bien dissemblables pour nos fonds publics, qui font tous deux une demande bien différente ; deux clients à qui ce qui convient à l'un ne convient pas à l'autre, et qui paient volontiers, chacun assez cher, pour avoir le placement qu'ils désirent, au lieu de payer meilleur marché ce qu'ils ne veulent pas.

Et l'un surtout, le moins riche, celui qui a le plus besoin de la protection de l'État, celui qui est le plus embarrassé d'un bon placement, celui qui se présente tous les jours et pour de faibles sommes, à qui il faut, comme on l'a dit en d'autres circonstances, fournir un placement français et sûr, pour qu'il n'aille pas engloutir ses économies dans le gouffre des placements étrangers ou aventureux, celui-là, on le repoussera pour le plaisir d'avoir une rente unifiée.

Unifiée, pourquoi? pour la spéculation surtout qui demande l'unification. Il est inutile de nous étendre ici sur les avantages qu'elle en pourrait tirer au détriment des véritables rentiers. Qu'il nous suffise de nous en tenir aux motifs qui nous empêchent de vouloir, à propos de la conversion, faire d'un seul coup l'unification.

Qu'après cela on veuille, dans la conversion du 5, trouver l'occasion de faire disparaître, en les englobant dans l'opération et à des conditions déterminées, nos rentes 4 1/2 et 4 p. 100, nous y accédons volontiers; et nous ne voyons aucunement une nécessité à maintenir cette variété de fonds publics très peu importants et, par cela même, inutiles sur le marché.

Mais nous trouvons indispensable de maintenir, quant à présent tout au moins, et une rente perpétuelle, le 3 p. 100, et deux rentes amortissables : le 3 créé et à créer, et le nouvel amortissable dont nous proposerons la création aux lieu et place du 5 p. 100.

Et pour dernier argument, qu'on veuille bien remarquer que l'unification peut exister théoriquement, mais pas en pratique.

Le type unifié doit évidemment exprimer le *summum* du crédit de l'État et devra toujours permettre une diminution de l'intérêt, affecté au service de la dette. C'est ainsi que le 3 consolidé anglais sera certainement converti en 2 3/4 ou 2 1/2 le jour où il aura, d'une manière quelque peu stable, dépassé le pair de trois ou quatre unités.

Pour maintenir le type unifié dans toute sa pureté, il faudrait renoncer à emprunter désormais dans un autre type de rente, il faudrait par exemple que nous fissions tous nos emprunts en 3 p. 100.

Dans des circonstances normales, c'est très pratique, car quand l'argent est abondant, les emprunts réussissent toujours et il importe peu, quand on a besoin d'argent et qu'on paie un très faible intérêt, d'augmenter modérément le capital remboursable en offrant du 3 p. 100 à prix légèrement inférieur au pair.

Mais malheureusement il arrive dans la vie des peuples, il est arrivé chez nous même, il n'y a pas longtemps, des circonstances où l'État qui aurait pu, trois mois auparavant, emprunter pour 3 fr. par an 70 ou 80 francs, ne trouve même pas, — ou trouve bien difficilement, — à emprunter à n'importe quelles conditions.

Voyez l'histoire de l'emprunt Morgan en 1870.

Besoin absolu d'argent, impossibilité de s'en procurer chez nous. Envoi en Angleterre de négociateurs, chargés d'emprunter même à 9 p. 100.

Un mal inouï à trouver plus de 50 ou 60 millions, et obligation finale d'accepter pour les 250 millions qu'il fallait absolument et que nous nous engageâmes à rembourser en 34 ans, une somme de 202,024,770 fr. seulement en argent comptant, pour lesquels il nous fallut payer 15 millions d'arrérages annuels (1).

L'intérêt moyen alloué fut de 7,42 p. 100. Et nous dûmes,

(1) La maison Morgan traita pour cet emprunt à 85 p. 100, c'est-à-dire que l'obligation de 500 fr., remboursable en 34 ans et rapportant 30 fr. d'intérêt, lui fut remise pour 425 fr. sur lesquels on lui allouait encore une très forte commission. Elle ne s'engagea que pour 62 millions et mit le reste en souscription publique. La France qui, dix-huit mois après, offrit une si grosse part des 42 milliards, souscrivit pour 93,921,000 fr.; le complément fut placé difficilement en Angleterre. Le 28 janvier 1871, trois mois après, il restait à placer encore un solde de 25 millions que MM. Morgan s'appliquèrent définitivement.

tant qu'il ne nous convenait pas de rembourser 250 millions, verser en plus la prime d'amortissement annuel de 2,400,000 fr., coût : 17 millions par an pour 200 millions, ou 8 1/2 p. 100.

Fort heureusement qu'on n'avait plus en ce moment en tête les idées d'unification de M. Fould. S'il avait fallu donner 8 fr. 50 de rente 3 p. 0/0 unifiée pour 100 fr. à recevoir, il eût fallu émettre du 3 p. 100 à 36 fr. environ, s'engager à devoir perpétuellement près de 300 fr. et payer perpétuellement un intérêt exorbitant.

Faire ainsi de l'unification eût été déplorable ; il a bien mieux valu passer par les exigences momentanées du prêteur, pour l'intérêt, et se réserver le droit de lui rembourser le capital des 85 fr. prêtés par 100 fr. rendus, quitte à convertir dans des temps meilleurs, — et c'est ce qui a été fait dès 1875, — en une dette de paix, une dette contractée pendant la guerre.

Fort heureusement aussi, M. Thiers, lorsqu'il nous fallut, en 1871 et 1872, de nombreux milliards, ne se préoccupa pas non plus d'unification. Il préféra, — au lieu d'emprunter en 3 p. 100 donné à vil prix, au lieu de faire entrer les emprunts de guerre dans le type des emprunts de paix, — ressusciter une de nos anciennes sortes de rentes : le 5 p. 100.

Au lieu de l'unité, M. Thiers créait la diversité, bien sûr qu'un jour nous pourrions faire disparaître facilement et à meilleur compte, — et c'est ce qui va se faire, — une création éphémère, et due tout entière aux malheureuses circonstances où nous nous trouvions alors.

Les partisans de l'unification de la dette seront donc obligés d'admettre eux-mêmes que leur théorie ne peut s'imposer d'une manière absolue, parce que, toujours les conditions du crédit pourront varier d'une manière très large, et qu'à côté du type du crédit obtenu autrefois, il faudra placer trop souvent le type du crédit à obtenir.

Donc, nous ne voyons, quant à nous, aucune obligation d'unifier notre dette dès à présent, et nous n'adopterions pour ce motif aucune des combinaisons proposées en 3 p. 100 perpétuel, pas plus que nous ne les rejetterions sous le prétexte de l'augmentation de notre dette nationale.

Nous ne voulons ni des unes, ni des autres de ces combinaisons en 3 p. 100 perpétuel, à cause de leurs vices propres, que nous allons examiner d'abord avant de développer leurs défauts communs, que notre lecteur a déjà entrevus.

Conversion du 5 p. 100 en 4 fr. 50 de 3 p. 100. — A tout porteur de 5 fr. de 5 p. 100 on aurait donné 4 fr. 50 de 3 p. 100 perpétuel.

Résultat pour les rentiers : au lieu de 100 fr. qu'on leur devait, promesse de 150 fr. dans l'avenir, pouvant être réalisée tout de suite à la Bourse (si le 3 p. 100 vaut 85 fr. seulement) pour 127 fr. 50.

Résultat pour l'État : bénéfice de 35 millions seulement sur la différence d'intérêt à desservir. Impossibilité d'une nouvelle conversion, à moins de rembourser les 150 fr. promis pour les 100 fr. dus.

Cette proposition, qu'on ne ferait sans doute plus aujourd'hui et dont quelques années ont suffi à démontrer la mauvaise conception, peut être mise de côté sans plus d'examen, car il suffit de l'énoncer pour en faire comprendre l'inanité.

Conversion en 4 fr. de rente 3 p. 100. — Presque tous les inconvénients de la proposition précédente, mais à un degré moindre.

Aux rentiers, on ne promet plus que 133 fr. 33 pouvant être réalisés de suite à la Bourse pour 113 fr. 33 ; mais leur revenu, consolidé à 4 p. 100 pour un temps indéterminé, c'est-à-dire jusqu'à ce qu'on leur rembourse 133 fr. 33, se trouve pour ainsi dire indéfiniment à l'abri de toute baisse de l'intérêt.

L'État payerait bien trop cher une diminution d'annuité de 70 millions.

Outre ce motif, il y a les motifs généraux, qui font rejeter cet expédient et auxquels nous allons bientôt arriver.

Conversion en 3 p. 100 a un prix a déterminer. — Si tout cela est exact, dit-on, ne pourrait-on pas déterminer un autre prix, auquel on donnerait du 3 p. 100 en échange du 5?

Tout en répondant Non à l'avance, examinons pourtant cette espèce, et cherchons quel serait ce prix à déterminer :

Si l'on prend comme terme de comparaison l'obligation de chemin de fer garantie par l'État, on trouve que, tous les ans, elle reçoit d'abord 14 fr. 55 net d'impôt, et que, par suite de l'amortissement à 500 fr., sa valeur s'accroît tous les ans de 0 fr. 85 c. C'est donc un revenu et une plus-value d'un ensemble total de 15 fr. 40 que l'on peut acheter aujourd'hui à la Bourse pour un déboursé de 385 fr. C'est exactement du 4 p. 100 garanti par l'État.

Il s'en suit que l'on ne peut raisonnablement forcer les rentiers à prendre à plus de 4 p. 100 le 3 p. 100 à émettre en échange du 5 p. 100.

C'est le leur donner à 75 fr.

Donner à 75 fr. ce qui se vendrait 85 fr. est impossible pour l'État, et c'est d'autant moins possible qu'on ne pourrait plus parler de nouvelle conversion qu'en remboursant, là aussi, 133 fr. au lieu des 100 fr. dus actuellement.

Veut-on, par hasard, faire payer aux rentiers le 3 p. 100 à 80 fr.?

Ce serait tout comme si on les obligeait à prendre des obligations de chemin de fer à plus de 410 fr. sans impôt et sans amortissement.

On ne leur accorderait alors que 3 fr. 75 de revenu au lieu de 5 fr., et ils perdraient le quart de leurs revenus.

Ils recevraient évidemment, plutôt que de demander leur remboursement, 3 fr. 75 de 3 p. 100 à 80 fr., puisque, les revendant même à 84 fr., ils en tireraient 105 fr.; mais n'est-il pas à présumer que dès qu'ils pourraient placer leurs 105 fr. à un prix supérieur à 3 fr. 75 par an, ils réaliseraient leur 3 p. 100? Celui-ci ne se classerait donc pas ou se classerait fort mal : il nuirait même à l'ancien 3 p. 100; tous deux s'affaisseraient ensemble et il en résulterait pour le crédit public un dommage considérable.

Dans cette combinaison du 3 p. 100 donné à 80 fr., l'État serait obligé d'attendre que le nouveau fonds valût plus de 100 fr. pour faire une nouvelle conversion. Et alors, il rembourserait à 125 fr. sa dette primitive de 100 fr.

Telles sont les raisons particulières à chacune d'elles qui nous font rejeter toutes ces variétés de conversion en 3 p. 100 perpétuel.

Et nous les rejetons toutes, même si elles se présentent encore sous des variétés nouvelles, pour les trois motifs généraux que voici :

1° Avec aucune d'elles on n'amortit. Nous avons dit qu'il fallait amortir;

2° Elles rendent pour ainsi dire impossibles toutes conversions nouvelles dans l'avenir. On a dit que les conversions sont des œufs d'or; eh bien, dans l'intérêt de nos successeurs, nous n'avons pas le droit de tuer la poule qui les produit;

3° Le 3 p. 100 *amortissable* revient aux contribuables à bien meilleur marché que le 3 p. 100 perpétuel et, en même temps, il est bien plus avantageux pour les rentiers.

C'est ce qui nous reste à démontrer.

L'explication sera courte :

Nous avons déjà dit que si on donnait du 3 p. 100 perpétuel à 80 fr. aux rentiers, leur revenu serait de 3 fr. 75, au lieu des 5 fr. que dessert le 5 p. 100. Il s'en suivrait qu'il n'y aurait plus à payer tous les ans, comme intérêt, que 262 millions 1/2, mais que le taux du remboursement, promis à 125 fr. pour 100 fr., élèverait les 7 milliards actuellement dus à 8 milliards 3/4.

Eh bien, mettons que pour un motif ou pour un autre, on veuille, dans cent ans, rembourser la rente perpétuelle.

	Millions.
Pendant cent ans, on aura payé 262 millions 1/2.	26,250
On paiera alors le capital dû..................	8,750
Les contribuables se seront acquittés moyennant	35,000

Supposons, au contraire, que l'on crée aujourd'hui 8 milliards 3/4 de rente 3 p. 100 amortissable, remboursable en cent ans; il va falloir payer pendant cent ans, pour ne plus rien devoir après ces cent ans, une annuité de 3 fr. 165 par 100 fr., soit pour les 8,750 millions, une annuité ronde de 277 millions.

Si l'on paie cette annuité cent ans de suite, on aura payé en tout et pour tout, pour intérêt et capital, 27 milliards 700 millions.

Donc, avec du perpétuel, on aura payé 35 milliards; avec de l'amortissable, 28 milliards.

Quel est le meilleur marché?

Veut-on un autre exemple? Une preuve confirmative, plus topique encore?

Supposons que l'État, rentrant en possession des chemins de fer dans soixante-quinze ans, y trouve une valeur considérable et veuille s'en servir pour payer 8,750 millions qu'il devrait pour les 7,000 millions du 5 p. 100, converti en 3 p. 100 perpétuel :

	Millions.
Les contribuables auraient payé, pendant soixante-quinze ans, 262 millions 1/2	19,687 5
L'État, au bout des soixante-quinze ans, apporterait ses	8,750
Total déboursé	28,437 5

Si nous supposons, au contraire, que demain on convertisse en 3 p. 100 amortissable, remboursable en soixante-quinze ans, l'annuité à payer serait de 294,700,000 fr. qui, se répétant pendant soixante-quinze ans, donneraient un total de 2,210 millions.

Donc, avec du perpétuel, on aura payé en soixante-quinze ans 28 milliards, avec de l'amortissable 22.

BÉNÉFICE EN FAVEUR DE L'AMORTISSABLE : SIX MILLIARDS RÉALISÉS EN SOIXANTE-QUINZE ANS.

Presque les 7 milliards dus aujourd'hui !

Voilà, pour l'État, l'avantage de convertir en amortissable au lieu de perpétuel.

Voici maintenant pour les rentiers :

La différence à leur profit leur constituerait, au bout de soixante-quinze ans, un bénéfice de : DIX-SEPT CENT QUARANTE-QUATRE MILLIONS, et s'ils avaient la fantaisie de l'escompter de suite, ils pourraient, de ce chef, toucher *argent comptant*, au moment de la conversion, CENT QUATRE-VINGT-DIX MILLIONS.

L'établissement de leur compte serait trop long à faire ici : mais ce compte, nous l'avons fait et bien fait, on peut en être sûr.

Nous pourrions nous en tenir là, rien n'étant brutal

comme les chiffres, sur l'avantage de rembourser en amortissable ; mais une explication n'est jamais inutile, surtout quand on peut la donner courte et claire.

Si l'on veut se rendre compte de tels résultats qui, au premier aspect, semblent chimériques, il suffit de comprendre :

1° Pour l'économie de l'État, — qu'elle résulte uniquement de ce que, tous les ans, les contribuables lui remettent gratis 32 millions pour l'amortissement (294 millions pour amortissement et intérêt, au lieu de 262 millions 1/2 pour l'intérêt seul du perpétuel), et que l'État, par l'amortissement, fait valoir tous les ans cette somme à intérêts composés. Les 32 millions de la première année se capitalisent, au bout de soixante-quatorze ans, par plus de 286 millions ; les 32 millions remis aussi gratis l'année suivante deviennent, au bout de soixante-treize ans, plus de 278 millions, qui s'ajoutent aux premiers, etc.

L'État bénéficie donc de tous les intérêts de l'argent avancé tous les ans, pendant soixante-quinze ans, pour l'amortissement, par les contribuables, — sans intérêt, — et l'on voit les résultats auxquels on arrive ;

2° Pour le bénéfice des rentiers, — l'explication est à peu près de même nature.

Avec le perpétuel, personne ne touche, avant soixante-quinze ans, les 20 fr. en plus auxquels on a droit pour chaque titre donné à 80 fr.

Avec l'amortissable, au contraire, une partie des rentiers est remboursée à 100 fr. chaque année ; c'est à cela que sert une portion de l'annuité (32 millions dans notre espèce, dont 6 millions 1/2 servent uniquement à compléter les 100 fr. remboursés). Le rentier tire, pendant soixante-quatorze ans, profit des millions qui lui sont remboursés au delà de ses 80 fr. (6 millions 1/2 la première année) ;

ans, profit des 6 millions 1/2 remboursés l'année suivante, pendant soixante-treize, etc., etc.

Si on calcule que pendant soixante-quinze ans il reçoit ainsi 6 millions 1/2, cela fait qu'il reçoit, année par année, 487 millions 1/2.

Qu'on capitalise ce qu'il reçoit chaque année, on retrouvera 1,744 millions au bout de soixante-quinze ans.

Et si, par hasard, il voulait réaliser de suite ce bénéfice, nous avons dit qu'il aurait immédiatement 190 millions. Rien de plus positif. Qu'il vende ses 3 fr. d'amortissable et qu'il achète à la place 3 fr. de perpétuel, il aura le même revenu : la *valeur actuelle capitalisable* de 3 fr. de rente amortissable 3 p. 100 étant mathématiquement supérieure de 2 fr. 18 à celle de 3 fr. de rente 3 p. 100 perpétuel à 80 fr., c'est bien 190 millions que les rentiers pourraient gagner à l'opération si, dans la réalité, les choses se passaient comme dans la théorie.

Quoi qu'il en soit de la clarté de nos explications, nous pensons qu'en présence des résultats établis par nos chiffres, il faut laisser là toutes les velléités de conversions en rentes perpétuelles.

Nous n'avons fait, au surplus, que démontrer la vérité d'un proverbe bien ancien, qui, appliqué aux individus, se traduit par ces mots : « Qui paie ses dettes s'enrichit. »

J.-B. Say, l'appliquant aux nations, a dit : « Une nation est plus pauvre de tout ce qu'elle doit. »

M. Gladstone, du haut de la tribune anglaise a proclamé, après la guerre de Crimée : « Qu'il faut profiter des jours de prospérité et de paix pour diminuer la dette publique. »

Nous oserions presque dire à notre tour :

La rente perpétuelle étant la dépense anticipée de l'impôt, escompté à grande perte par l'emprunt, la rente amortissable doit être le placement à intérêts composés des économies journalières avec lesquelles les peuples doivent rembourser leurs dettes.

Laissons donc de côté les rentes perpétuelles, et cherchons en quel type d'amortissable on pourrait, dans l'intérêt de tout le monde, transformer notre malheureux 5 p. 100, puisqu'il est condamné à disparaître.

III

LA RENTE AMORTISSABLE

Conversions diverses possibles en 3 p. 100 amortissable. — Leurs inconvénients. — Conversion en 4 p. 100 amortissable. — Ses avantages et ses dangers. — Nécessité absolue d'une rente amortissable remboursable au-dessus du pair.

On a déjà vu que la loi du 27 avril 1825 avait créé le 3 p. 100 perpétuel (1).

La loi de conversion facultative du 1er mai 1825 créa le 4 1/2 p. 100.

A la suite d'une loi du 19 juin 1828, une ordonnance royale institua le 4 p. 100. On créa encore du 4 p. 100 en 1837 et en 1847.

C'est en 3 p. 100 que furent faits les emprunts de 1832 (émis à 98,50), de 1841 (78,525), de 1844 (84,75).

En 1848, la République émit non seulement du 3 p. 100, mais encore du 5 p. 100.

Quant à l'Empire, il convertit l'ancien 5 en 4 1/2 et il émit encore du 4 1/2 à des prix variant de 90 fr. à 92,50,

---

(1) Le 3 p. 100 a été coté en mai 1825, 75,30; en décembre 1825, 59,80; en 1840, *86,65;* en avril 1848, *32,50;* en janvier 1871, 51,05; le 13 mars 1871, 50,05; le 1er septembre 1880, *87,20*.

(2) Le 4 1/2 p. 100 valut 107 en novembre 1852; le 31 octobre 1870, 77,50; le 14 mars 1871, 75; le 1er septembre 1880, 118,75.

mais il fit surtout de nombreux emprunts en 3 p. 100, dont le prix d'émission varia de 60,50 à 69,25.

Il trouva de la sorte le moyen d'emprunter soit directement, soit indirectement, pour l'État, les villes et les départements, une somme qui, dès le 1er janvier 1869, était évaluée à 6 milliards 95 millions.

On a vu que le Gouvernement de la Défense nationale emprunta en obligations à 6 p. 100, et la République de M. Thiers en 5 p. 100.

Tout cet ensemble d'emprunts constituait une dette perpétuelle énorme. On en fut effrayé et, en 1878, le Parlement s'apercevant, selon l'heureuse expression du *Journal des Débats*, que « la perpétuité érigée en dogme n'est pas » autre chose que la doctrine de la banqueroute à terme » indéterminé », le Parlement, malgré l'opposition de certains économistes, accepta à une très forte majorité la création du 3 p. 100 amortissable que lui proposait M. Léon Say, alors ministre des finances.

Le principal but de la rente nouvelle étant de fournir les ressources nécessaires pour construire de nouvelles lignes ferrées, on en emprunta, pour ainsi dire, le mécanisme à celui des obligations de chemins de fer. On calcula même que ces chemins de fer à construire feraient de la sorte, eux aussi, leur retour gratuit à l'État vers 1950 ou 1955.

Telle est l'origine de la rente 3 p. 100 amortissable.

Nous avons parlé déjà suffisamment de ses vicissitudes, de l'arrêt actuel dans sa capitalisation, et il est inutile de revenir sur ce sujet épuisé.

Rappelons seulement que le 17 juillet 1878, le Trésor vendit à la Bourse les premières inscriptions de la nouvelle rente ; que ce jour-là, le 3 p. 100 était coté environ 77,25, et que le public, oubliant complètement qu'à 77,25 pour le 3 p. 100 perpétuel, l'amortissable n'eût dû être coté qu'à environ 81 fr. (1), le public cota immédiatement 85 fr., puis 87 fr., pour retomber dans la même Bourse à 85,50 (2).

Différentes émissions de 3 p. 100 amortissable furent faites depuis 1878. La dernière est de mars 1881 : elle a été d'un milliard, offert en souscription publique au prix de 83,25, jouissance du 16 avril 1881.

Nous avons à examiner maintenant la question de savoir si la conversion pourrait se faire utilement en 3 p. 100 amortissable et dans quelles conditions.

Conversion en 3 p. 100 amortissable en 75 ans. — Comme il est indispensable, lors d'une conversion, de livrer le nouveau fonds au-dessous de sa valeur, alors surtout qu'il s'agit d'une fort grosse émission, il semble impossible, étant donné le prix de l'émission récente (83,25), et les incidents qui l'ont suivie, d'offrir à plus de 80 fr. le 3 p. 100 amortissable aux porteurs du 5 p. 100.

A ce taux, ils auraient juste 3 fr. 75 d'intérêt pour les 100 fr. qu'on leur doit.

C'est une diminution du quart de leur revenu. C'est déjà beaucoup, c'est peut-être même déjà trop. On ne peut donc leur offrir moins ou, si l'on veut, on ne peut leur offrir ce 3 p. 100 à un prix plus élevé que 80 fr.

Il est vrai que cette combinaison les nantirait, en remplacement de leur capital de 100 fr., d'un capital remboursable à 125 fr.

---

(1) M. J. de Reinach a calculé et publié dans le *Journal des Débats*, que quand le 3 p. 100 perpétuel est à 75; 77,50 et 80 fr., le 3 p. 100 amortissable vaut 79,72; 81,25 et 84,30.

Nous avons calculé, de notre côté, qu'aujourd'hui le 3 p. 100 perpétuel valant 85,70, le 3 p. 100 amortissable vaut 89 fr.

(2) Le 7 octobre 1878, le 3 p. 100 amortissable est tombé à 78,30. Il a valu son plus haut prix, 89,17 le 8 septembre 1880, et 89 le 6 juin 1881.

Ce serait un grand avantage, surtout pour ceux qui seraient remboursés les premiers.

Quant à ceux que le sort ne favoriserait pas tout d'abord, ils garderaient l'espoir d'être remboursés tôt ou tard, aux tirages subséquents ; mais ceux qui ont des besoins journaliers et ne sauraient les satisfaire avec un espoir de chances d'amortissement, ne peuvent apprécier ces chances à leur juste valeur : ils refuseraient d'en tenir compte dans leurs calculs, se réjouiraient de cet avantage, mais n'accepteraient pas de le payer, surtout s'ils n'en ont pas les moyens, — leur revenu se trouvant déjà suffisamment diminué.

Il ne faut donc pas compter qu'on ferait accepter du 3 p. 100 amortissable à plus de 80 fr.

Si le rentier le recevait à prix plus élevé, ou, ce qui revient au même, si le 3 p. 100 donné à 80 fr. s'élevait à 86 ou 87 fr., — ce qui est bien modéré quand on voit les consolidés anglais cotés plus de 100 fr., — on peut être certain que les nouveaux porteurs du 3 p. 100 amortissable, clientèle nombreuse du 5 p. 100 actuel, ne pourront pas et ne voudront pas garder des titres ne leur donnant même plus 3 1/2 p. 100 de leur valeur vénale.

Ils vendront leur amortissable et porteront leur argent aux obligations de chemins de fer ou au Crédit foncier, toujours vendeur, à bureau ouvert, d'obligations rapportant 4 p. 100.

Il y aurait trouble chez les rentiers, trouble dans le crédit de l'État.

Le fonds amortissable, donné même à 80 fr., se serait mal classé, l'opération aurait été mauvaise.

Inconvénient secodaire, il est vrai, mais que l'État ne doit pas encourir, s'il peut l'éviter en trouvant un autre type de rente amortissable ne présentant pas cet inconvénient.

Avant de voir si ce type, cette espèce de rente nouvelle est introuvable, calculons encore combien coûterait à l'État, pour 100 fr. à rembourser actuellement, la remise qu'il ferait de 3,75 d'amortissable 3 p. 100, c'est-à-dire calculons l'annuité que lui coûterait le remboursement des 125 fr. d'amortissable nécessaires pour produire les 3,75 d'intérêt.

Le calcul nous répond : 4 fr. 21, différence, — entre 5 fr. maintenant desservis et 4 fr. 21 à desservir, — 55 millions par an pour les dégrèvements.

Ce serait très-beau, surtout si on ne pouvait mieux faire.

Eh bien, supposant un instant qu'on ne peut mieux faire et, l'hypothèse admise, voyons le revers de la médaille.

Nous avons dit que c'était un préjugé de croire que la conversion en 3 p. 100 augmentait la dette de l'État plus que ne l'augmenterait la conversion en 4 au pair, mais nous n'avons pas dit, nous insistons très fort sur ce point, que la conversion en 3 p. 100 n'augmenterait pas, ELLE AUSSI, la dette de l'État.

Il est évident que, remboursant par du 3 p. 100 à 80 fr., perpétuel ou amortissable, 7 milliards dus effectivement, on rembourserait effectivement 8 milliards 3/4.

On augmenterait donc la dette de 1,750 millions, c'est indiscutable.

Avec cette énorme augmentation, il faudrait que, dans l'espèce qui nous occupe, l'amortissement fonctionnât plus de 33 ans pour ramener au chiffre actuel de 7 milliards, la partie de notre dette que nous étudions.

Or, si l'amortissement a sa raison d'être, c'est pour produire des résultats aussi immédiats que possible, et ce n'est pas pour nous laisser pendant 33 ans avec une dette supérieure à celle qu'il a la prétention d'annuler.

Il faut donc : 1° pour ne pas augmenter notre dette d'un

chiffre aussi considérable ; et 2° pour ne pas subir pendant trop longtemps les conséquences de son énormité, abandonner la conversion en 3 p. 100 amortissable en 75 ans, donné à 80 fr.

Trouverons-nous, parmi les autres combinaisons d'amortissable proposées, une meilleure solution de la question? C'est ce que nous allons examiner très brièvement.

CONVERSION EN 4 FR. DE RENTE AMORTISSABLE 3 P. 100. — Cette solution serait pire que la précédente.

Si 4 fr. de rente sont préférables pour les rentiers à 3 fr. 75 que leur donnerait seulement la conversion en 3 p. 100 à 80 fr., l'État, au lieu de desservir une annuité de 4 fr. 21, en échange de 5 fr., devrait en desservir une de 4 fr. 49 et n'aurait plus que 35 ou 36 millions d'économie annuelle.

Ensuite c'est de 2 milliards 1/3 que la dette nationale se trouverait augmentée, et il faudrait quarante ans pour la ramener au chiffre actuel de 7 milliards.

On peut trouver encore d'autres combinaisons pour donner du 3 p. 100 amortissable, mais toutes, acceptables à la rigueur ponr le rentier, seraient désastreuses pour le Trésor ; elles augmenteraient la dette dans des proportions inouïes, et presque sans aucun espoir de conversions nouvelles pouvant remédier, même partiellement, à un tel état de choses.

Il faut donc trouver, puisque la nécessité d'amortir a déjà été démontrée, un autre mode de conversion en rente amortissable.

CONVERSION EN 4 P. 100 AMORTISSABLE AU PAIR. — D'après ce qui précède, on serait peut-être amené à examiner un système qui consisterait à donner, pour 5 fr. de 5 p. 100, 4 fr. de rente amortissable au pair.

On créerait ainsi, à côté du 3 p. 100 amortissable, un 4 p. 100 amortissable, également au pair, c'est-à-dire à 100 fr.

L'annuité serait de 280 millions, l'économie de 70 millions, dont on laisserait 35 aux dégrèvements, 35 à l'amortissement.

Les rentiers recevraient un revenu convenable, et outre l'économie annuelle de 70 millions, la dette, remboursée à 100 fr., ne subirait aucun accroissement. De plus, en cinquante-six ans, les 7 milliards seraient amortis et, peut-être même, pourrait-on amortir plus vite si, le loyer des capitaux baissant, une nouvelle conversion devenait possible.

Tout cela ne manque pas d'être fort séduisant au premier aspect ; mais si on veut aller au fond des choses, ce genre d'opération serait très mauvais, nous le déclarons à l'avance.

Et, si nous l'examinons, c'est uniquement dans le but d'arriver, par son examen, à une toute autre solution. Malgré tout, examinons et raisonnons.

Si 4 fr. de 3 p. 100 amortissable au cours actuel d'à peu près 85 fr., valent environ 113 fr., avec remboursement possible à 133 fr. et garantie d'un très long placement au taux d'intérêt présent, combien de moins vaudraient 4 fr. de 4 p. 100, remboursable — éventuellement chaque année pendant cinquante-six ans, assurément dans le cours de ces cinquante-six ans — à 100 fr., et grevés en outre de la possibilité d'une réduction d'arrérages dans le cours de ces cinquante-six ans ?

C'est très difficile à prévoir et à estimer : mettons 102 à 105 fr.

En effet, la rente 5 p. 100 valant aujourd'hui 116 fr., ce n'est certes pas exagérer que de supposer pour le rentier, à la conversion en 4 p. 100 amortissable, une perte de 10 p. 100 sur son capital actuel, frappé déjà d'une réduction de 20 p. 100 dans son revenu. Mettons donc que le capital présent du rentier serait réduit à 105 fr.. Par contre, dans l'avenir, par suite de la baisse certaine du prix de l'argent, c'est l'élévation à peu près forcée de ce même capital à 115 ou 120 francs (le fait est arrivé déjà pour le 5 p. 100 qui, pour un moment, avait dépassé le pair de près de 22 unités). Et alors, comme nous l'avons déjà expliqué pour le 4 p. 100 perpétuel, c'est une perte de 15 ou 20 fr. pour tout rentier, pour tout père de famille qui aurait confié ses capitaux à l'État, et qui serait remboursé à 100 fr.

Nous avons constaté déjà qu'une telle conception n'est ni pratique, ni morale, ni politique, et que l'État français ne peut y donner son concours.

Ici non plus, rien de sérieux dans le contrat qui, au point de vue de l'amortissement, lierait le rentier à l'État. Il faut, nous le répétons si nous l'avons déjà dit, que l'État se soit engagé à amortir et que, tenu par cet engagement, il amortisse.

Il faut en conséquence que le rentier ait un bénéfice à l'amortissement, et que, pour ce motif, il ait intérêt à exiger du Trésor l'amortissement convenu. Il ne faut pas que celui-ci, ayant des besoins imprévus, quoique très légitimes, puisse prendre, avec le consentement du rentier intéressé à ce qu'on n'amortisse pas (puisqu'il perdrait à l'amortissement), l'argent destiné à l'amortissement pour en faire un autre usage, et trouve, en temps de crise, dans cet argent en caisse, un emprunt tout réalisé.

Il ne faut pas que tous les deux, l'État par faiblesse, le rentier par intérêt, s'entendent pour laisser sommeiller l'amortissement. Il faut même que l'État ne se borne pas à racheter des rentes pour les amortir et à les conserver en portefeuille ; il est indispensable que la loi exige, que le contrat fait avec les rentiers stipule, la destruction complète de toute inscription remboursée, afin qu'à un moment donné elle ne puisse plus reparaître sur le marché.

A la fin de 1870, la caisse d'amortissement possédait 4,404,287 fr. de rentes 3 p. 100. Elle les avait rachetées, payées, et les gardait en caisse, continuant à en toucher les arrérages pour s'en servir à de nouveaux rachats. Lors de nos malheurs, on a tout simplement remis en circulation ces rentes destinées à être amorties, et leur produit a servi à doter d'autant le compte de liquidation ; si bien qu'à part la dette à la Banque de France, aujourd'hui partiellement remboursée, non seulement on n'a plus amorti en France depuis la guerre, mais encore on a absorbé les ressources de l'amortissement antérieur.

Tels sont les précédents. Ils nous enseignent à ne pas retomber dans les fautes commises.

Pour que les inscriptions remboursées ne puissent revenir sur le marché, il suffit de ne plus accorder d'intérêt à toute inscription remboursée par l'amortissement, de l'annuler, de la brûler, et c'est ce que devra décider tout système voulant un amortissement réel, effectif.

Il faut, de plus, que ces inscriptions à anéantir viennent tous les ans, régulièrement, pour le nombre voulu, se faire rembourser au Trésor, que toute inscription non présentée à la caisse au jour fixé soit déchue de tout droit à un intérêt quelconque dans l'avenir, que l'intérêt à lui payer ne figure plus au budget.

Et le moyen pour arriver à la régularité, à l'efficacité, à la réalité de l'amortissement est bien simple : il faut que le porteur de l'inscription désignée par le sort ait intérêt à se présenter aux guichets du Trésor.

Cet intérêt consiste évidemment dans une prime à donner au rentier, au delà du pair, quand on l'appellera au remboursement.

Outre tous les autres inconvénients déjà signalés, la conversion en 4 p. 100 amortissable au pair, a celui de créer un amortissement tout à fait illusoire : il ne faut donc pas y songer.

Il faut arriver forcément à créer un type de rente amortissable au-dessus du pair, c'est-à-dire à plus de 100 fr.

IV

PLAN DE LA CONVERSION A ADOPTER

La conversion à deux degrés (Conversion anglaise de 1844). — 4 1/2 p. 100 pour dix ans, 4 p. 100 ensuite. — Remboursement au delà du pair à 120 fr. — Valeur de ce mode de remboursement. — Prime à verser par les porteurs du 5 p. 100. — Maintien du capital de la dette à 7 milliards. — Emploi immédiat de la prime dans l'amortissement. — Possibilité de nouvelles conversions. — Amortissement normal en soixante-neuf ans. — Marche ascendante des dégrèvements. — Séries à créer. — Classement du nouvel amortissable. — La crainte des remboursements.

Arrivé à cette première conclusion que la conversion doit se faire en un type de rente amortissable à plus de 100 fr., nous avons examiné successivement la question de savoir si cette rente devait être du 3 1/2, du 4, du 4 1/4 ou du 4 1/2 p. 100, et la question du taux de son remboursement, 110, 115 ou 120 fr.

Ce serait abuser de l'attention bienveillante du lecteur qui aurait bien voulu nous suivre jusqu'à présent dans le développement de notre travail, que de lui faire subir encore les calculs et les raisonnements relatifs à ces diverses combinaisons. Il lui suffira de les déduire lui-même, s'il y prend intérêt, des résultats auxquels nous sommes arrivé et qui peuvent se traduire ainsi :

Au point de vue du revenu. — 1° Il serait moins dur, plus commode pour les rentiers de subir plutôt en deux fois qu'en une seule, la diminution de leurs revenus. Grâce à un revenu trop élevé qu'on leur offrirait d'abord pour dix ans, et compensé par un revenu moins élevé à leur allouer ensuite, ils accepteraient plus volontiers et dès à présent, une réduction d'intérêt assez forte, en somme, pour le moment, mais plus forte encore pour l'avenir ;

2° La meilleure conversion est celle qui, sans nuire à l'intérêt du contribuable, modifiera le moins possible le taux de 5 p. 100, et assurera un taux d'intérêt nominal aussi rapproché que possible de cinq. Il vaut donc mieux, à condition égale, donner au rentier du 4 1/2 que du 4, et du 4 que du 3. Plus le taux sera élevé d'ailleurs, et plus une conversion nouvelle sera possible dans un temps donné.

Au point de vue du capital à rembourser. — 1° Il faut que la prime au delà de 100 fr. soit suffisante pour être sérieuse et présenter un attrait, au lieu d'un déboire lors du remboursement ;

2° Il faut que cette prime soit aussi forte que possible dans l'intérêt de tout le monde, mais qu'elle ne dépasse pas les limites nécessaires au bon fonctionnement de l'amortissement, et qu'elle ne représente pas non plus une chance de jeu, de loterie, accordée aux uns, refusée aux autres. Il faut que, dans ses effets, elle se répande sur tous et non pas sur un seul privilégié, comme les gros lots des loteries ou de certains emprunts ;

3° Il faut que cette prime soit simplement le résultat d'une combinaison financière destinée à faciliter la conversion, et non un supplément de capital alloué par l'État, qui n'a pas le droit de faire aux rentiers des cadeaux avec l'argent des contribuables.

Nous concluons donc :

Au point de vue de l'intérêt, il faut : 1° Faire une conversion à deux degrés ;

2° Donner aux rentiers 4 1/2 p. 100 pour dix ans, 4 p. 100 ensuite.

Au point de vue du capital remboursable, il faut :

1° Rembourser à 120 fr. ;

2° Et que cette différence de 20 fr. entre les 100 fr. dus par l'État et les 120 fr. à rembourser, ne soit pas fournie aux rentiers gratuitement ; qu'elle soit la compensation d'une somme à leur demander.

Nous allons, sous quatre paragraphes différents, examiner chacune de nos propositions.

Quant aux dégrèvements, nous n'en parlerons pas maintenant ; il reste bien entendu que, sur le bénéfice de la conversion et conformément au tableau que nous publions plus loin, nous commençons à leur donner 35 millions chaque année pendant dix ans, 40 millions ensuite, etc., etc.

§ I

La conversion à deux degrés

En parlant de conversion à deux degrés, nous ne proposons pas une bien grosse innovation. Il y a tout au moins un précédent, et un précédent assez voisin de nous et des plus encourageants, qui peut engager à en tenter l'épreuve.

En 1844, l'Angleterre avait une dette de plus de 6 milliards (6,218,990,700 fr.) de 3 1/2 p. 100. Le gouvernement offrit l'option entre le remboursement ou la conversion en titres rapportant *trois et quart* (3 1/4 p. 100) pendant dix ans, et au bout de ces dix ans, *trois* pour cent (3 p. 100) seulement. Ce 3 p. 100 était garanti lui-même contre tout remboursement pendant vingt ans.

Le porteur du 3 1/2 p. 100 eut donc à choisir entre son remboursement à 100 fr. ou l'acceptation d'un titre rapportant d'abord 3 1/4, ensuite 3 p. 100. L'acceptation du titre emportait d'elle-même, et à la fois, celle de 3 1/4 pour dix ans d'abord, de 3 pour vingt ans ensuite. En un mot, le droit de remboursement pour le rentier était complètement épuisé s'il ne l'acceptait pas quand on le lui offrait ; il ne pouvait plus s'en prévaloir quand, après dix ans, le 3 1/4 devenait pour lui du 3 p. 100. C'était un remboursement ou une conversion à deux degrés qu'on lui avait offert. L'acceptation du premier degré entraînait l'acceptation du second.

L'opération était parfaitement conçue et très claire. Le Trésor, usant de son droit de rembourser, pouvait très bien n'offrir aux rentiers désireux de lui laisser leurs fonds, que 3 p. 100 : l'état du marché le permettait. Il préféra user de ménagements et n'arriver à 3 p. 100, qu'en faisant passer les rentiers par une période de transition, à 3 1/4 p. 100.

Les rentiers anglais comprirent parfaitement, et ne demandèrent que 2 millions et demi (2,600,000 fr.) de remboursement, à peine 1/2 p. 100 sur les 6 milliards.

De 1844 à 1854, on leur a donné 3 1/4 p. 100.

A partir de 1854, seulement 3 p. 100.

Depuis le 10 octobre 1874, l'État a recouvré le droit d'offrir de nouveau aux rentiers leur remboursement, c'est-à-dire d'opérer une nouvelle conversion ; mais le 3 consolidé anglais n'ayant pas encore dépassé le pair d'une manière sensible et permanente, le moment n'est pas venu où nos voisins pourront provoquer, une fois de plus, une nouvelle diminution du revenu actuellement afférent à leur dette.

Il est inutile de faire ressortir les multiples avantages de cette conversion anglaise à deux degrés, ils ressortent par eux-mêmes trop clairement aux yeux de tous ceux qui en étudieront le mécanisme.

Ce que les capitalistes anglais ont très bien compris et adopté, alors qu'il s'agissait d'un fonds public rapportant déjà un taux minime d'intérêt, *nous croyons que les capitalistes français le comprendraient tout autant et l'adopteraient tout aussi bien,* alors surtout qu'il s'agit pour eux d'un fonds rapportant un plus gros intérêt.

Ce que le gouvernement anglais a fait dans l'intérêt des porteurs moins nombreux de sa dette, n'est-il pas de toute évidence que *le gouvernement français doit le faire pour les deux millions et demi de porteurs de la sienne,* qui représentent dix millions d'intéressés, leur famille, près du tiers de la population du pays?

La conversion à deux degrés est aussi très avantageuse pour le Trésor. En ménageant les rentiers, elle les empêche de venir demander leur remboursement, elle les détourne aussi de vendre leurs inscriptions nouvelles : le nouveau fonds se classe très bien, et par conséquent se cote à sa juste valeur.

Le rentier, moins brusqué, moins tracassé dans ses habitudes, aura moins à changer et changera encore moins à ses dépenses, se suffira mieux avec son nouveau revenu. Prévenu dix ans à l'avance, il se préparera plus facilement à une plus grande économie; il amassera de nouvelles ressources, de nouveaux moyens pour conserver alors son bien-être.

Et d'ailleurs, n'est-ce pas pour le Trésor un moyen certain d'arriver à desservir plus tard un revenu bien plus modéré? N'est-il pas bien constant que, dans les questions d'intérêt, on sacrifie toujours quelque peu l'avenir au présent? L'État n'a-t-il pas le droit de le dire et d'en profiter honnêtement? Et n'est-ce pas l'intérêt même des rentiers de recevoir immédiatement des avantages positifs répartis sur un certain nombre d'années, pour accepter du même coup une réduction plus forte dans l'avenir, qu'on pourrait leur imposer pour le présent? Ne préfèreront-ils pas toucher beaucoup — tout de suite, — et ne voir que dans un avenir éloigné la juste réduction de leur revenu? Dix ans, c'est bien loin, et pendant dix ans, on profiterait d'avantages inespérés !

L'intérêt de tout le monde est donc que le Trésor paie un peu plus pendant dix ans, pour payer un peu moins ensuite.

§ II

D'abord 4 1/2, ensuite 4 p. 100

Nous avons dit qu'il fallait donner aux rentiers le plus possible sans nuire aux droits des contribuables, et en un type de rente se rapprochant sensiblement de leur 5 p. 100.

D'après tout ce qui a précédé, on a dû voir que le taux de 4 p. 100 semblait être le taux équitable, que pour ce motif il avait toutes nos préférences, que nous l'estimions indispensable à accorder aux rentiers, et que les contribuables ne pouvaient offrir moins en ce moment, étant donné surtout que, par l'offre d'un 4 p. 100, ils se ménagent encore la possibilité de nouvelles conversions.

Admettant même qu'on trouve ce taux un peu élevé, eu égard au crédit actuel de l'État, on peut affirmer que si, dans ce chiffre de 4 fr. d'intérêt, il y a une légère perte pour le Trésor, celui-ci ne ferait que laisser dans le terrain financier la semence, le germe, dont forcément sortirait plus tard et plus rapidement une conversion nouvelle. La petite perte présente serait un gros placement pour l'avenir.

Donc, c'est bien du 4 p. 100 qu'il faut donner, et, bien

entendu, du 4 p. 100 au pair : nous voulons dire que tout porteur d'une inscription de 5 fr. de 5 p. 100 recevrait en échange une inscription de 4 fr. de 4 p. 100.

De plus, cette inscription rapporterait non pas 4 fr., mais 4 fr. 50 pendant dix années consécutives, la conversion à deux degrés consistant précisément dans cette différence d'intérêt d'un 1/2 p. 100 desservi pendant dix ans. D'où :

Premier degré : 4 1/2 p. 100 d'intérêt ;
Second degré : 4 p. 100.

Après cela, est-il bien nécessaire, comme l'ont fait nos voisins, de garantir dix ou vingt ans du second degré, du second régime aux rentiers qui accepteront la conversion ? Faut-il ainsi renoncer à l'avance au bénéfice d'une seconde conversion possible dans quinze, vingt ou vingt-cinq ans d'ici ?

Nous ne le croyons pas le moins du monde. Non seulement l'État ne doit pas renoncer à ce droit éventuel, mais encore ce serait compliquer bien inutilement les termes de la conversion à proposer aux rentiers. Il doit leur suffire d'être sûrs, qu'après dix ans, ils auront 4 p. 100 de leur capital, et que cette promesse sera régie par nos lois de droit commun. Et d'ailleurs, au point de vue de la légalité, pourrait-on bien, sans modifier le Code au profit de la conversion, stipuler une garantie dépassant les dix ans accordés à la période du 4 1/2 ? La question est bien douteuse pour nous ; à ceux qui la voudraient trancher dans un sens ou dans l'autre, nous nous bornerions à rappeler l'art. 1911 C., qui tolère seulement pour dix ans la convention de ne pas racheter une rente perpétuelle « essentiellement rachetable. »

Que si, par hasard, il nous fallait expliquer pourquoi, dans la conversion française, nous proposons un échelon d'un 1/2 p. 100, alors que l'échelon anglais n'était que d'un 1/4 p. 100, nous conviendrions volontiers que le 4 1/4 nous a, par moments, bien tenté, nous aussi ; que nous avions, en son honneur, préparé toutes nos combinaisons, mais qu'en fin de compte nous y avons renoncé, et voici pourquoi :

La dénomination est quelque peu barbare, on a dit le mot ; les rentiers s'y habitueraient difficilement ; la Banque ne l'accepterait qu'à regret ; les négociations en 4 1/4 seraient difficiles ; les variétés des inscriptions à donner au public peu nombreuses ; on ne pourrait payer facilement les trimestres d'une inscription de moins de 17 fr. ; on aurait beaucoup de mal à faire les calculs des opérations journalières en 4 1/4, et lors des liquidations de fin de mois, on aurait tous les maux du monde à sortir des calculs indispensables. Après quelques années on s'y habituerait peut-être, mais alors on serait bien près du terme de dix ans, au bout duquel le 4 1/4 devrait disparaître.

Au contraire, il y a aujourd'hui du 4 1/2 perpétuel sur le marché, tout comme il y avait, lors de la création du 3 amortissable, du 3 perpétuel.

De 1852 à 1862, pour la rente 4 1/2 p. 100 perpétuelle, on fit des marchés nombreux et faciles. En 1862, on a converti en 3 p. 100 une partie de 4 1/2, mais il en reste encore en circulation pour 37 millions de rente ; les transactions sont évidemment moins nombreuses, mais enfin il y en a tous les jours.

On a donc l'habitude de cette dénomination ; la Banque l'a acceptée et l'acceptera encore volontiers, et, qu'il s'agisse d'amortissable au lieu de perpétuel, il importe peu au point de vue de la facilité des négociations ; les coupures peuvent être de 4 fr. 50, si on paie l'intérêt semestriellement ; de 9 fr., si on le paie par trimestre ; on fait facilement les calculs journaliers, ceux des liquidations; on y est habitué dès aujourd'hui.

Et puis, pour les rentiers, c'est quelque chose d'énorme que 1/4 p. 100 de plus !

Et comme c'est un ambassadeur, un véritable intermédiaire que nous désirons envoyer à eux et à la Banque, ne vaut-il pas mieux choisir un personnage ayant de bons antécédents, au nom connu, sonore, rond dans ses manières, de bonne réputation, *persona grata*, au lieu de donner la préférence à un inconnu, au maintien un peu gauche, étriqué, quelque peu difficile dans ses rapports, et ne sachant pas encore bien se présenter, *homo novus ?*

La *persona grata* nous coûtera un peu trop cher, dira-t-on ; mais qu'on veuille bien faire un moment crédit à notre négociateur, à notre diplomate : nous sommes persuadé que s'il paraît un peu généreux des deniers de l'État, il saura bien par la suite faire rentrer celui-ci dans ses déboursés.

§ III.

Le remboursement par amortissement à 120 fr.

Pour tous les motifs possibles, nous rejetons les gros lots, c'est-à-dire le gain pour un seul des économies de tous.

Avec l'amortissement tel que nous le croyons désirable, il faut à tous un remboursement égal pour leur capital de 100 fr.

C'est à 120 fr. que nous proposons de fixer le prix du remboursement ; et, par conséquent, tout porteur d'une inscription de 5 fr. de rente 5 p. 100, convertie en 4 1/2 d'abord, en 4 ensuite, touchera, quand son tour viendra, — dans un an ou dans soixante-quinze, mais, en tout cas, assurément dans soixante-quinze ans au plus tard, — 120 fr. au lieu de 100 fr. qui lui sont actuellement dus, et dont il peut exiger le remboursement.

Il s'en suit que les 7 milliards du 5 p. 100 se trouveraient, d'ici à soixante-quinze ans, remboursés par 8 milliards 400 millions.

Bénéfice de 1,400 millions pour les rentiers... et, — va-t-on continuer de suite, — augmentation de 1,400 millions de la dette de l'État.

Qu'on veuille bien remarquer seulement que ce n'est déjà plus 1,750 millions d'augmentation comme avec le 3 amortissable, et que sur ce chiffre (1,750 millions) en voilà déjà, par notre combinaison, 350 de gagnés.

Il s'agit de ne pas faire perdre les 1,400 autres à l'État.

Nous y arriverons peu à peu ; qu'on se rassure en attendant ; et si l'on veut bien nous aider, en nous accordant un peu d'indulgence pour la longueur de nos développements, on peut être certain que lentement, à travers un terrain difficile, glissant, obstrué, hérissé d'obstacles, nous avancerons d'une manière sûre, et qu'après avoir déblayé, consolidé, assaini, nous arriverons finalement à cheminer sur un sol ferme, solide, parfaitement net.

Avec le remboursement à 120 fr., il est certain que l'amortissement sera effectif, et qu'il aura lieu naturellement, obligatoirement, tous les ans, à l'époque, au taux et pour la somme fixés par le tableau d'amortissement. Il n'y a plus rien là qui ressemble aux achats d'une caisse d'amortissement qui fonctionne ou non, suivant les cours de la rente, qu'on dote ou qu'on ne dote pas, suivant qu'on a ou qu'on n'a pas d'argent, et à laquelle on reprend d'une main et d'un seul coup, ce qu'on lui a donné de l'autre main, en plusieurs fois et par dons successifs.

Dans notre système, l'État rembourse et annule, de par la loi qui, d'ailleurs, leur supprime leur revenu, les inscriptions désignées par le sort. Il ne peut pas même suspendre un seul instant, une seule année, l'amortissement connu, voté à l'avance. Amortir en quatre-vingts ans, en soixante-seize ans, même le 3 p. 100 amortissable que l'État s'est engagé à rembourser en soixante-quinze ans ; ne pas rembourser une année, quitte à rembourser l'année d'après, la somme laissée en souffrance, serait, pour le gouvernement, diminuer, ou même seulement changer, les avantages stipulés au profit des tiers, ce serait livrer moins que sa promesse. Cela, l'État français ne l'a jamais fait, ne peut pas le faire et ne le ferait pas plus pour du 4 p. 100 amortissable, remboursable à 120, qu'il ne l'a fait ou ne le fera pour le 3 p. 100 amortissable et remboursable à 100 fr.

L'amortissement devant donc se faire dans les délais et au prix stipulés au contrat, les rentiers et tous les rentiers recevront forcément, dans le temps convenu, leur remboursement à 120 fr.

Eh bien, si le rentier reçoit assurément 120 fr. au lieu de 100 fr. dans un délai de soixante-neuf ans à peine (nous ferons bientôt le compte de ce délai), et, en attendant son tour de remboursement, un revenu de 4,50 pendant dix ans, de 4 fr. ensuite, à quel prix va se coter son nouveau titre ? Ou, si l'on veut, combien se cotera le titre provenant de la conversion ?

Comparons-le au 3 p. 100 perpétuel, que la Bourse cote aujourd'hui 86,10, et posons bien la question :

Etant donné qu'au cours de 86,10, 4 fr. de 3 p. 100 perpétuel coûteraient 114 fr. 80, combien valent 4 fr. de 4 p. 100 amortissable à 120 fr., en soixante-neuf ans ?

La réponse n'est point douteuse. Le même revenu de 4 fr. doit coûter le même prix, si les conditions du remboursement sont égales. Or, dans notre espèce, ces conditions ne sont pas égales ; voyons en quoi elles diffèrent.

D'abord, l'avantage de l'amortissement pour le 4 qui sera forcément remboursé à 120 fr. en soixante-neuf ans, équivaut à 4 fr. Et, de plus, il faut y ajouter encore 4 fr. 15 pour la valeur des dix annuités de 50 cent. chacune que touchera, pendant les dix premières années, le 4 p. 100 qui, pendant ces dix années, sera du 4 1/2 p. 100. Ces deux avantages réunis forment 8 fr. 15 qu'il faut ajouter à 114 fr. 80. — Total : 122 fr. 95 pour la valeur à coter le 4 p. 100 amortissable, remboursable à 120 fr.

Il n'y a contre ce calcul qu'un seul mot à dire. C'est que le 3 p. 100, avant d'atteindre le pair, a encore devant lui une étape de 14 unités. Il est très probable qu'il les franchira, mais quand et dans quelles conditions? Personne ne saurait répondre à cette question. Mettons cependant que cette considération enlève les 2 fr. 95 du prix de 122,95, il restera toujours au moins pour la valeur du 4 p. 100 amortissable celle de 120 fr., comparaison faite avec celui de tous nos fonds publics qui est le plus cher.

Si nous faisons cette comparaison avec le 3 p. 100 amortissable au prix coté actuellement, prix qui est aussi d'à peu près 86,10, le résultat sera le même.

La comparaison nous serait encore bien plus favorable, si nous mettions en ligne le 4 1/2 p. 100 actuel qui, comprimé, lui aussi, par la crainte d'un remboursement à 100 fr., atteint pourtant 113 ou 114 fr., c'est-à-dire à une ou deux unités près, le prix du 5 p. 100.

Si nous voulons résumer cette question de la valeur comparative de notre nouveau fonds, les rentiers, assurés d'un intérêt suffisant, ne perdant que le dixième de leur revenu pendant dix ans, que le cinquième après dix ans, bénéficieraient de beaucoup sur la valeur actuelle de leur capital. Il faudrait même craindre de voir la nouvelle rente, garantie contre tout nouveau remboursement pendant dix ans ou plus, dépasser de beaucoup 120 fr.

Cette crainte ne devrait arrêter personne, et l'État n'aurait même qu'à gagner à une combinaison qui ferait coter bien haut son crédit, si malheureusement les avantages faits aux rentiers ne devaient lui coûter assez cher, et si pour les réaliser, il n'était obligé de prendre 1,400 millions aux contribuables pour en faire présent aux rentiers.

Il y a un moyen très simple pour l'État de ne pas prendre 1,400 millions aux contribuables : c'est de les demander aux rentiers. Et que ceux-ci se rassurent immédiatement, ils toucheront les 1,400 millions, mais en en payant une parcelle seulement, exactement : le cinquième.

§ IV

De la prime versée par les rentiers et du maintien de la dette des 7 milliards à 7 milliards

Il existe des compagnies d'assurances contre l'incendie, qui, moyennant une faible indemnité payée tous les ans, remboursent tous les sinistres éprouvés par leurs assurés. La somme à verser est minime, parce qu'elle est en proportion de la rareté des sinistres et du grand nombre des assurés. C'est une prime.

L'État peut très bien demander une prime aux rentiers pour leur garantir qu'au lieu de les rembourser à 100 fr., comme il en a le droit, il les remboursera à 120 fr.

Il y a toutefois une autre combinaison plus applicable à notre espèce et qui se pratique fort souvent, surtout dans les échanges d'immeubles entre propriétaires, et presque toujours dans les échanges d'immeubles entre l'État, les communes et les simples particuliers. Si ce que l'État échange a moins de valeur que ce qu'on lui apporte, il complète la différence par une somme d'argent ; si ce qu'il livre a plus de valeur que ce qu'il reçoit, son co-contractant parfait le juste prix de la chose et verse en espèces la différence. La somme qui représente la plus-value s'appelle une soulte.

La *soulte* est un mot qui, à propos de conversion, sonne assez mal aux oreilles. En 1862, à propos d'une conversion, le Ministre des Finances d'alors, M. Fould, a aussi demandé une soulte ; mais sa demande de soulte était purement et simplement un emprunt déguisé qui donna gratuitement 160 millions au Trésor, en augmentant la dette publique de 1,600 millions, sans en diminuer les intérêts. Ce fut une opération déplorable qui a rendu fort impopulaire le mot de soulte.

Tout autrement conçue fut la conversion avec soulte de l'emprunt Morgan. (Nous sommes obligé de nous répéter ici, mais c'est indispensable pour la clarté de nos explications). Contracté au taux de 6 p. 100, il rapportait 30 fr. par obligation de 500 fr.

En 1875, le Ministre des Finances proposa aux obligataires de les rembourser à 500 fr. ou de leur donner, en échange de leurs titres, 30 fr. de 3 p. 100 pour chaque obligation, et, comme cette dernière faculté leur laissait un bénéfice de 150 ou 160 fr. par titre échangé, il leur demanda comme retour, comme soulte, une somme de 124 fr. seulement.

En 1862, par 500 fr. de capital, les rentiers n'avaient eu

à verser qu'une soulte de 27 fr. (1), cette fois le Trésor leur en demandait 124.

La proposition était encore tellement avantageuse que tous les rentiers acceptèrent et versèrent au Trésor 60 millions, à peu près, que celui-ci encaissa et pour lesquels il n'eut aucun intérêt à desservir. Le nom de soulte en fut presque réhabilité.

Eh bien, nous demandons de faire la conversion avec une soulte à payer par les rentiers.

Seulement au lieu de leur demander près de 25 fr. par 100 fr., comme dans l'emprunt Morgan, nous proposons de ne leur demander que 4 fr. par 100 fr. de capital, c'est-à-dire 4 fr. par chaque titre de rente de 5 fr. 5 p. 100 ; et au lieu d'accroître la dette de l'État, nous ne l'accroîtrions pas.

Pour justifier du même coup notre demande d'une soulte de 4 fr., et notre assertion de ne pas augmenter la dette de l'État, il nous suffira de dire que cette soulte de 4 fr. se traduirait par le versement effectif de 280 millions, et que ces 280 millions versés comptant, suffisent et au delà (2) pour payer tous les ans, pendant soixante-neuf ans, la différence entre le remboursement du 5 p. 100 à 100 fr.,

---

(1) En 1862, pour la faculté d'échanger un titre de 4 1/2 p. 100 remboursable à 100 fr. contre un titre de 4 fr. 50 de 3 p. 100 remboursable à 150 fr., M. Fould demanda aux rentiers une soulte de 5 fr. 40 par 4 fr. 50 de rente 4 1/2 p. 100. Malgré l'avantage énorme de cette proposition, sur un capital de plus de 4 milliards 200 millions, représenté par une rente de. 173,310,437 fr.
on ne convertit que 133,619,587

Il resta une somme de rentes de.................... 39,690,850 fr.
de 4 1/2 p. 100 non converti, un peu supérieure à celle qui existait encore au 1er janvier 1879.

Le Trésor toucha gratuitement 160,343,974 fr. 80 de soulte, ne diminua pas d'un centime les arrérages desservis, et la dette publique se trouva du coup et sans autre compensation, *augmentée d'environ 1.600 millions.*

(2) Voir le tableau n° 1.

et l'amortissement du 4 p. 100 à 120 fr., différence qui est de 1,400 millions.

Si donc, nous trouvons dans 280 millions versés comptant par les capitalistes, la prime de 1,400 millions à leur desservir pendant soixante-neuf ans, ce n'est pas l'État, ce sont les rentiers eux-mêmes qui paient les 1,400 millions, et par conséquent, de ce fait, l'État n'augmente pas d'un centime sa dette. *Il paie ses 7 milliards, et sert seulement d'intermédiaire aux rentiers pour se payer à eux-mêmes leur prime de 1,400 millions.*

Nous sommes persuadé qu'une soulte de si peu d'importance, que le rentier retrouve d'ailleurs tout aussitôt dans l'augmentation de son capital (le nouveau fonds vaudrait de suite au moins 120 fr. au lieu de valoir 114 ou 115 fr., comme le 5 p. 100 actuel), nous sommes persuadé qu'une soulte de si peu d'importance, payable même, si l'on veut, en plusieurs termes, ne rencontrerait que des approbations, puisque, grâce à elle seulement, on pourrait faire une conversion aussi avantageuse pour les contribuables et les rentiers. Nous sommes persuadé que les rentiers feraient d'autant moins d'objection qu'ils seraient compensés presque immédiatement par l'intérêt supplémentaire — nous retrouvons ici notre négociateur, *persona grata* — de 5 fr., alloué pendant les dix premières années qui suivent la conversion.

Et que l'on ne dise pas que cette soulte serait encore un emprunt déguisé. L'emploi que l'on en ferait témoignera de suite qu'elle est purement et simplement le prix juste et légitime du remboursement porté de 100 à 120 fr., et qu'elle sera tout entière appliquée à ce remboursement. En voici la preuve :

L'État recevant des rentiers l'administration de leurs 280 millions, devrait les capitaliser, et prélever sur leur masse tout ce que, tous les ans, il devrait leur rendre en primes. Une telle opération de capitalisation est impossible pour des particuliers. Pratique peut-être pour un État, elle n'est pourtant pas pour lui ni pour ses commettants, exempte d'inconvénients, nous dirons même de dangers.

Que l'État puisse trouver dans l'opération même de la conversion les moyens d'assurer une capitalisation sûre et ininterrompue pendant une période de soixante-neuf ans; que lui seul puisse faire gratuitement une pareille opération en faveur des tiers intéressés; que, par contre, il se trouve, en acceptant les 280 millions, obligé d'assurer par cela même, malgré la baisse possible du taux des capitaux, un intérêt de 4 p. 100 pour une bien longue période (1), tout cela représente certains avantages ou certains inconvénients très secondaires.

Ce qui serait à craindre surtout, c'est que les fonds de la capitalisation, dépôt entre les mains de l'État, ne subissent à un moment donné le sort d'autres dépôts analogues, qui se sont tout naturellement transformés en emprunts.

A un moment donné, — même en réduisant à son produit réel la soulte qui ne sera que de 272 millions, puisque, par le fait, il n'y aura que 6,800 millions de 5 p. 100 à convertir (2), — à un moment donné, la caisse de la soulte contiendrait des centaines de millions. Dès la quinzième année, 400; dès la vingt-sixième, 500, pour atteindre près de 600 millions la quarante-cinquième, et retomber

(1) L'opération laisserait un boni d'environ 150 millions (voir le tableau); ils serviraient à faire face : 1° à des pertes possibles d'intérêt; 2° à la perte qu'imposerait à l'État le remboursement à l'avance, et hors tour, d'une somme considérable dès la première année, comme nous allons le proposer dans un instant.

(2) Tous nos calculs, à partir de ce moment, s'établissent sur le chiffre de 6,800 millions de capital et de 340 millions de rentes 5 p. 100. S'il est réellement dû un peu plus, on verra ailleurs ce que devient ce petit excédent.

ensuite à 500 la cinquante-sixième année, à 400 la soixante-deuxième, etc. (Voir le tableau n° 1).

Ne serait-ce pas une tentation bien grande, qu'une somme aussi forte, entre les mains d'un dépositaire qui, — ayant besoin d'argent comptant, sûr de le pouvoir rembourser à terme, de faire même accepter avec empressement à son déposant un tel mode de remboursement, — n'hésitera pas à lui demander l'emprunt de cette somme en lui accordant, pour prix de sa complaisance, les conditions imposées par les nécessités alors présentes? Il faut éviter à tout le monde, et même à un gouvernement, des tentations de cette nature, et, dans notre espèce, le moyen est facile.

Nous avons dit que pendant les dix premières années l'État desservirait aux rentiers un intérêt de 4 1/2 p. 100, environ 305 millions. Les dégrèvements emportant de leur côté 35 millions, il ne resterait plus, pendant les dix premières années de l'opération, un centime pour l'amortissement.

Eh bien, l'*État emploiera les 272 millions*, en caisse *de la soulte, à amortir pendant les dix premières années.*

Et ces 272 millions lui serviront à rembourser dans ces dix premières années 372 millions, dont 156 millions la première année et 24 millions chacune des neuf années suivantes (Voir le tableau d'amortissement n° 2).

Cette opération aura deux effets importants :

1° Elle prouvera à tout le monde, — surtout aux rentiers remboursés, dès la première année, de 156 millions sur les 280 fournis par la soulte, — que l'État n'a pas voulu faire un emprunt, et qu'il leur rend sous une autre forme ce qu'ils lui auront versé. De plus, et immédiatement, ils pourront apprécier, comme il le mérite, tout le bénéfice que leur assure la conversion en 4 p. 100 à 120, puisque beaucoup d'entre eux, dès la première année, réaliseront ce bénéfice.

2° Elle permettra au gouvernement de consolider, par un remboursement anticipé, la capitalisation à 4 p. 100 de la soulte, puisque, par ce remboursement immédiat, il aura pu effacer, escompter, amortir à l'avance, moyennant 272 millions, les 1,360 millions qu'il eût du payer chaque année, par fractions, dans le cours de soixante-neuf ans.

En effet, si on veut bien se reporter au tableau d'amortissement que nous publions plus loin, on verra que l'État, à qui, les dégrèvements d'une part, l'intérêt de 4 1/2 servi aux rentiers d'autre part, n'auraient pas permis d'amortir d'un centime pendant les dix premières années, aura pourtant, au bout de ces dix ans, grâce à la soulte et à son aménagement, amorti de 310 millions, et réduit à 260 millions, pour la onzième année, l'intérêt de 306 millions desservi la première année. Autrement dit, l'État ne devra plus, la onzième année, que 6,490 millions au lieu de 6,800 qu'il doit aujourd'hui, et l'intérêt de 340 millions, desservi avant la conversion. déjà réduit par elle, à l'origine, à 306 millions, se trouvera réduit encore, dès la onzième année de l'opération, à 260 millions.

Bénéfice de l'État, — sans avoir rien versé de ses propres fonds, mais qui y aura appliqué la soulte et ses intérêts, — de 310 millions de capital et de 46 millions d'intérêts.

Par contre, il faut dire que les 6,490 millions restant dus sur les 7 milliards seront remboursés par 7,788 millions; différence à rembourser en plus : 1,298 millions.

Or, ces 1,298 millions, ne portant pas d'intérêt, sont seulement remboursables par fractions, en capital, dans l'espace des 59 années restant à courir, et l'annuité nécessaire se trouvera fournie tout naturellement par la différence d'intérêt que l'État n'aura plus à payer pour les 310 millions remboursés dès la dixième année, différence qui s'appliquera forcément au paiement annuel de la portion échéant annuellement sur les 1,298 millions.

Si l'on veut traduire autrement la conséquence contenue dans la phrase que nous venons d'écrire, l'État aura escompté à l'avance les 1,360 millions qu'il avait à desservir aux rentiers comme compensation de la soulte.

Ou bien encore, l'emploi immédiat de la soulte, dans un amortissement préalable, compensera tous les ans pour l'État la portion, venant à échéance, des 1,360 millions de la prime due aux rentiers.

Conséquence forcée : les rentiers, fournissant la soulte, auront fourni les 1,360 millions, et l'État, n'ayant rien eu à fournir de ces 1,360 millions, n'aura pas augmenté sa dette actuelle.

L'État n'aura servi que d'intermédiaire aux rentiers; il aura agi simplement comme agent comptable, agent de réception, agent de placement, agent de remboursement. Il n'aura absolument rien déboursé pour les 1,360 millions, et en conséquence sa dette restera de 6,800 millions, ou, si nous voulons de nouveau parler en compte rond, l'ÉTAT N'AURA PAS A DÉBOURSER LES 1,400 MILLIONS, ET PARTANT SA DETTE NE SERA PAS AUGMENTÉE ET RESTERA DE SEPT MILLIARDS.

Ajoutons de plus, qu'avec notre système, l'amortissement fonctionne très largement, dès la première année, qu'il amortit, tous les ans, de la somme restée réellement disponible pour l'amortissement, et que, par parenthèse, il n'en n'est pas du tout de même pour le 3 p. 100, dont les annuités restent stationnaires pendant vingt-neuf ans, puis pendant dix-huit ans, et sont loin de fournir à l'amortissement ce qui lui est dû légitimement. Il résulte d'un tel système que l'État paie pour 700 millions de 3 p. 100 amortissable un amortissement de 4 millions par an, que l'on porte au budget tous les ans : que, dans vingt-neuf ans, il faudra charger le budget de 8 millions, etc., etc. Rien de semblable dans l'amortissement que nous demandons. Dès qu'une somme devient disponible pour l'amortissement, on la distribue immédiatement, prime comprise, aux rentiers, et on amortit immédiatement tout ce qu'il est possible d'amortir.

Aussi, si l'on jette les yeux sur notre tableau d'amortissement, voit-on que l'État ne doit plus sur les 7 milliards que 6 milliards au bout de vingt-trois ans, 5 milliards au bout de trente-sept ans, 4 milliards au bout de quarante-sept ans, 3 milliards au bout de cinquante-quatre ans, 2 milliards au bout de soixante ans, 1 milliard au bout de soixante-cinq ans, et qu'enfin, au bout de la soixante-huitième année, il ne doit plus que 150 millions, qu'il rembourse la soixante-neuvième année.

Tout ceci, bien entendu, ne s'applique qu'à la dette réelle de l'État, celle qui porte intérêt.

Quant à la dette spéciale, sans intérêt, contractée par l'État vis-à-vis des rentiers en remboursement de leur soulte, elle suit la même marche descendante.

A la vingt-sixième année, l'État ne doit plus, pour ses deux dettes réunies (celle des 7 milliards actuelle, et celle des 1,400 millions à provenir de la soulte), que 7 milliards. Il ne doit plus que 6 milliards au bout de trente-sept ans, 5 au bout de quarante-six ans, 4 au bout de cinquante-deux ans, 3 au bout de cinquante-sept ans, 2 au bout de soixante-deux ans, 1 au bout de soixante-cinq ans, et enfin, au bout de la soixante-huitième année, il ne doit plus que 180 millions qu'il rembourse la soixante-neuvième année.

On voit donc, par tous ces détails, qu'il faut soixante-neuf ans pour rembourser totalement les 7 milliards, et c'est pour ce motif que nous avons proposé, — et que nous justifions, — ce terme de soixante-neuf ans, qui n'a rien d'excessif, et qui est même de six années inférieur au temps d'amortissement exigé par le 3 p. 100 remboursable en soixante-quinze ans.

Nous estimons avoir élucidé complètement les raisons qui nous ont fait proposer :

1° Une conversion à deux degrés ;

2° Un intérêt de 4 1/2 p. 100 pendant dix ans, de 4 p. 100 ensuite ;

3° Le remboursement à 120 fr. au lieu de 100 fr. ;

4° La nécessité de la soulte, pour compenser les avantages faits aux rentiers et éviter l'augmentation de la dette ;

5° L'obligation d'amortir en soixante-neuf années.

Il nous faut nous expliquer maintenant sur la part que notre système ferait aux dégrèvements, et sur la manière dont pourrait se faire tous les ans le tirage au sort des inscriptions appelées au remboursement.

DÉGRÈVEMENTS. — Persuadé qu'une somme de 35 millions était indispensable dès le premier moment pour la part des dégrèvements à mettre à la charge de la conversion, nous n'avons pas hésité à leur attribuer dès la première année, alors même que l'État n'amortit qu'au moyen de la soulte, une somme de 35 millions, et nous continuons à fournir ces 35 millions, tous les ans, pendant dix ans, aux dégrèvements.

Un coup d'œil jeté sur le tableau d'amortissement fera voir que, dès la onzième année, c'est-à-dire qu'à partir du moment où l'intérêt est abaissé à 4 p. 100, et où il reste une somme réellement disponible affectée à l'amortissement, il est alloué aux dégrèvements une somme supplémentaire de 5 millions, et qu'ils sont portés par conséquent tous les ans à 40 millions. On reste à 40 millions jusqu'à la vingt-sixième année.

De la vingt-sixième année à la soixante-neuvième, nous ne comptons plus que 30 millions. Pourquoi cette différence?

Un tableau d'amortissement doit donner, année par année, le chiffre immuable à rembourser sur la dette, et ce chiffre une fois établi, partant convenu, ne peut plus être changé. Qu'il y ait donc ou non, à l'avenir, une nouvelle conversion, elle pourra diminuer l'intérêt à desservir, mais elle ne pourra faire varier en plus ou en moins la somme annuelle fixée par le tableau d'amortissement ponr le remboursement à opérer.

Or, comme nous pensons qu'une nouvelle conversion est probable avant vingt-cinq ans, et dans vingt-cinq ans au plus, on laisserait — la totalité du bénéfice qu'elle procurerait annuellement par la diminution du taux de l'intérêt — aux dégrèvements. Si bien que ceux-ci, dans ce cas prévu, seraient dotés non seulement des 30 millions réservés dans notre tableau, mais encore de tout le bénéfice à provenir des conversions futures. Si la vingt-sixième année, on réduisait l'intérêt d'un quart pour cent; si, au lieu de 4 p. 100, on le fixait à 3 3/4, il y aurait sur 5,830 milions restant dus la vingt-sixième année, un bénéfice de 15 millions, lequel, ajouté aux 30 millions déjà réservés, porterait à 45 millions la dotation des dégrèvements. Si de 4 on réduisait l'intérêt à 3 1/2 p. 100, il y aurait 60 millions pour dégrever, etc., etc.

Voilà ce que nous avions à dire pour les dégrèvements; voici maintenant comment il faudrait opérer pour tirer tous les ans au sort les numéros des titres à amortir.

Classement en séries de remboursement. — Nous avons dit déjà qu'il fallait établir à l'avance le chiffre du remboursement annuel pendant soixante-neuf ans.

Tout d'abord, l'État rachèterait à la Bourse, en les payant soit en argent, soit en autres rentes, les 3 ou 4 millions de 5 p. 100 qui peuvent aujourd'hui excéder 6,800 millions.

Et du chiffre rond de 6,800 millions, on ferait 680 séries de 10 millions chacune.

Lors de l'échange des titres anciens du 5 p. 100, contre les titres nouveaux du 4 p. 100 amortissable, on classerait 10 millions de capital — ou 400,000 fr. de rentes — dans chacune des 680 séries, que l'on numéroterait de 1 à 680.

Et chaque année, suivant la quantité des séries remboursables fixées par le tableau d'amortissement, on tirerait au sort les numéros des séries à rembourser. Toute série sortante serait remboursée par 12 millions au lieu de 10, ou, si on le préfère ainsi, tout titre de 4 p. 100 de 4 fr. serait remboursé à 120 fr.

Tout ceci est très clair, très facile à exécuter. Les mutations, les coupures, les réunions de titres se feraient très aisément, et conserveraient aux titres, subissant la mutation, leur numéro de série. Il n'y aurait, à cet égard, pour le Trésor, pas plus de frais qu'il n'y en a maintenant pour les mutations du 5 p. 100 ; les frais, dussent-ils être même un peu plus considérables, le mal ne serait pas énorme.

Mais où il naîtrait des difficultés, si on ne les prévoyait pas dès la première conversion, ce serait quand plus tard on voudrait de nouveau convertir, et on sait que l'un des avantages de notre combinaison est précisément de laisser possibles dans l'avenir toutes les opérations analogues.

POSSIBILITÉ DE NOUVELLES CONVERSIONS

Elles trouveraient sur leur route deux obstacles qu'il faut écarter immédiatement.

Premier obstacle. — La rente amortissable étant tout le contraire de la rente perpétuelle, ne pourrait, aux termes de la loi, être remboursée que si le créancier y donnait son consentement exprès et volontaire. Il en résulterait forcément, qu'à l'expiration des délais convenus pour le non remboursement, le rentier ne voudrait rien changer à son mode de jouissance et se refuserait à tout remboursement, partant à toute nouvelle conversion. C'est précisément cela qu'il faut éviter.

Etant donné que la rente amortissable est, de sa nature, à très longue échéance — soixante-neuf ans, c'est une quasi-perpétuité, et bien des choses perpétuelles ne durent pas soixante-neuf ans en ce bas-monde, — il suffirait, pour lever cet obstacle, qu'à la prochaine loi de conversion, on ajoutât une disposition à peu près ainsi conçue : « A partir » du moment où la rente 4 1/2 p. 100 amortissable sera » réduite à 4 p. 100, elle sera, vu la longueur du temps à » courir encore jusqu'à son remboursement total, assimilée » aux rentes perpétuelles, et, comme telle, régie par les » dispositions de l'art. 1911 du Code civil. En conséqnence, » le Ministre des finances pourra, s'il le juge convenable, » 1° stipuler qu'à partir du moment où la nouvelle rente » sera assimilée à la dette perpétuelle, elle ne sera pas rem- » boursable avant dix années au plus... »

L'impossibilité légale actuelle d'une conversion de rente amortissable se trouverait écartée et, en même temps, ce paragraphe 1er permettrait, si on en voit l'utilité, de garantir les rentiers même contre un remboursement éventuel du 4 p. 100 amortissable, pendant les délais légaux où cette garantie est permise par la loi.

Second obstacle. — Une nouvelle conversion deviendrait ainsi possible, mais comme il faudrait respecter les délais et les quotités de remboursements avec prime, c'est-à-dire le tableau d'amortissement établi lors de la conversion du 5 p. 100, il faudrait que l'on offrît aux rentiers leur remboursement immédiat à 120 fr. comptant, ou l'acceptation d'une réduction d'intérêts avec maintien du tableau d'amortissement pour les années encore à courir. Et pour pouvoir faire ces offres, l'État devrait attendre la possibilité de trouver 120 fr. pour une annuité inférieure à 4 fr. par an, annuité qui comprendrait l'intérêt du capital et l'amortissement de ce même capital dans les délais restant à courir, et pour les sommes à rembourser tous les ans.

Il est à peu près évident que ce serait, si non impossible, du moins très difficile à espérer, d'autant plus que si, à la vingt-sixième année par exemple, l'État voulait faire l'opération, il commencerait par perdre 1,178 millions pour les 20 fr. de prime encore dus aux rentiers à long terme, et qu'il serait tenu de leur rembourser immédiatement. De là, augmentation de 1,178 millions pour la dette; nécessité des arrérages de ces 1,178 millions à servir désormais.

Deux solutions de la question sont possibles.

On pourrait stipuler qu'en cas de nouvelle conversion, l'État serait tenu à rembourser simplement, en argent, les 100 fr. de capital, et qu'en échange de leur titre de 120 fr., les rentiers n'acceptant pas la nouvelle conversion, recevraient 100 fr. en argent, et *20 fr. en un titre portant le même numéro de série que le titre remboursé.* Ces titres de 20 fr., naturellement sans intérêt, seraient amortis tous les ans, suivant la quotité des séries fixées par le tableau d'amortissement; et, de la sorte, les rentiers toucheraient leurs

100 fr. exigibles quand on leur offre la conversion, et — dans le délai convenu primitivement — les annuités de la prime de 20 fr. Le contrat originaire serait scrupuleusement respecté.

Ou bien encore, la prime de 20 fr. étant la représentation progressive, annuelle, des 4 fr. de soulte versés par les rentiers, on pourrait décider que lors de la conversion à venir dans vingt-cinq ans, les 20 fr. de prime seraient remboursés à ceux qui n'accepteraient pas cette conversion, mais *sous déduction de l'escompte à 4 p. 100* que représenteraient les termes non encore échus de la prime.

Est-ce l'une ou l'autre de ces deux solutions qu'il faut adopter? Dans le doute, nous continuerions ainsi la rédaction de notre petit article additionnel :

« 2° Et qu'à l'époque du remboursement, s'il a lieu avant » le terme de soixante-neuf ans, il sera délivré aux rentiers, outre la somme de 100 fr., représentant le pair de la » rente, des titres spéciaux, portant les mêmes numéros que » les titres remboursés, et remboursables eux-mêmes chacun par 20 fr., quand, conformément au tableau d'amortissement adopté dès ce jour, les numéros de leur série » seront appelés au remboursement; ou bien, à la place » de ces titres spéciaux, et si le ministre le préfère, la » somme en argent que représenterait, à l'époque du remboursement, ladite somme de 20 fr., défalcation faite de » la valeur à 4 p. 100 l'an, du temps encore à courir jusqu'à la soixante-neuvième année. »

De toutes façons alors, soit que l'État puisse rembourser à 120 fr., soit que l'on adopte, au contraire, l'un des modes de libération que nous venons d'indiquer, les nouvelles conversions resteront possibles dans l'avenir.

LA CRAINTE DES REMBOURSEMENTS

Avec la conversion en 4 1/2 d'abord, en 4 ensuite, remboursable à 120 fr. en soixante-neuf années, y a-t-il lieu de s'attendre à beaucoup de remboursements? Y a-t-il, pour bien poser la question, beaucoup de rentiers qui préféreront toucher 100 fr. que d'accepter les conditions de la conversion proposée par le Gouvernement?

Il a été établi que, comparée à du simple 3 p. 100 perpétuel à 86 fr., la nouvelle rente vaudrait — valeur vénale — plus de 120 fr.; que, comparée à du 3 p. 100 amortissable coté actuellement à 86 fr. également, — et bien au-dessous de sa valeur intrinsèque, comparée au perpétuel, — elle valait plus de 120 fr. Que de ce prix, on défalque la soulte de 4 fr., il reste une valeur vénale de 116 fr. pour la nouvelle rente; qu'on réduise même cette valeur vénale à 112, à 110 fr. et que l'on dise si un seul rentier préférera se faire rembourser à 100 fr. que d'en recevoir 110 ou 120, quitte à revendre 110 ou 120 fr. ce qu'il aura refusé de se faire rembourser à 100 fr.

Une telle aberration n'est pas possible chez des gens que leur intérêt oblige à compter.

Tout ce qui pourra arriver, c'est que quelques rentiers, n'ayant pas leurs 4 fr. de soulte disponibles en argent, vendent, au cours, une parcelle de leurs rentes, pour se procurer la somme nécessaire au paiement de leurs 4 fr. sur les titres qu'ils conserveront.

Les acheteurs ne manqueraient pas qui accepteraient avec empressement, et au cours, les quelques titres venant, pour ce motif, sur le marché.

D'ailleurs, si on veut bien se rappeler que, lors de la conversion anglaise qui portait sur 6 milliards, il est venu pour 2 millions 1/2 de demandes de remboursements; que lors de la conversion Bineau, la seule obligatoire en France jusqu'à ce jour (sauf celle du Morgan, qui a réussi au-delà de toute espérance) on a demandé 74 millions de remboursements (74,026,708 fr.) sur un capital de 3 milliards 1/2 (3,568,992,052 fr.); que lors de la conversion belge, en 1844, en 4 1/2 p. 100, du 5 p. 100 créé en 1831, les guichets du Trésor restèrent ouverts pendant trente jours consécutifs et que l'on n'eut pas alors à rembourser un centime; qu'il en fut de même quand, récemment encore, la Belgique convertit à nouveau, en 4 p. 100, son 4 1/2 déjà converti en 1844; qu'on veuille bien se rappeler tout cela, et l'on sera rassuré contre toute crainte de remboursement, — lors surtout d'une opération qui, au lieu de porter sur une rente déjà plusieurs fois réduite, comme le 3 1/2 anglais ou le 4 belge, portera sur du 5 p. 100 à réduire en 4 1/2, — un bien gros intérêt encore, — garanti pour dix ans.

Que si par hasard, et contre toute prévision, 50, 100, 200 millions étaient redemandés au Trésor, *le Gouvernement n'aurait-il pas, à ce moment précis, dans ses caisses, les 272 millions, en argent comptant, de la soulte?* Ne pourrait-il pas, avec cette somme, payer, jusqu'à due concurrence, les rentes venant aux remboursements, et *sur les titres même de ces rentes, remis en dépôt, se procurer encore 200 ou 250 millions?*

Si ces 500 millions, — assurés pour faire face aux éventualités de remboursement, ne suffisent pas encore, — que l'on s'adresse, comme d'habitude, aux grands établissements de crédit, aux grands banquiers. Ils garantiront vingt fois la somme nécessaire, et le prix de cette garantie qui leur sera alloué, les rendra favorables, dans le présent et dans l'avenir, au nouvel amortissable — peut-être même à l'ancien.

CLASSEMENT

Avec l'absence complète de remboursement, avec 2 millions 400 mille porteurs (1er janvier 1879) de titres de 5 p. 100, convertis naturellement en 2 millions 400 mille porteurs de la nouvelle rente, peut-on pour elle redouter un mauvais classement ?

Toutes les probabilités sont pour l'absorption rapide des quelques titres venant flotter sur le marché, et pour une hausse considérable, trop considérable même peut-être, du 4 1/2 amortissable.

Et en effet, sans attacher à la cote du 4 1/2 p. 100 actuel plus d'importance qu'il ne faut, ne cote-t-on pas aujourd'hui (4 janvier 1882) à 112 fr. 75 ce titre remboursable à 100 fr., et que chacun sait devoir être compris dans la prochaine conversion ?

Quand on livrera alors au marché la même valeur, garantie pour dix ans contre tout remboursement, amortissable à 120 fr., avec un bénéfice d'amortissement qui sera, pour les rentiers, de 26 millions dès la première année, on peut sans crainte en prédire la destinée et compter à juste titre que, de toutes nos rentes, ce sera la mieux classée.

V

CONCLUSION

Résumé général. — Formule définitive du système à adopter.

De tout ce qui a été exposé et développé dans les pages précédentes, il résulte pour nous qu'il y aurait lieu de faire la conversion :

En titres rapportant 4 1/2 p. 100 pendant dix ans, et, après ces dix ans, 4 p. 100 d'intérêt ;

Que ces titres doivent être assimilés à la rente perpétuelle « essentiellement rachetable » ;

Qu'ils seront divisés en 680 séries, chaque série étant de 10 millions de francs de capital, remboursable à raison de 120 fr. p. 100 fr., dans un espace de soixante-neuf ans, par un tirage au sort, conformément au tableau suivant, qui serait reproduit sur chaque titre :

						Millions		Millions
1re année, remboursement de			13 séries	:		130	remboursés par.	156
de la 2e à la 10e année,	2 séries,	total	18	—		180	—	216
— 11e à la 15e	—	3	—	15	—	150	—	180
— 16e à la 20e	—	4	—	20	—	200	—	240
— 21e à la 25e	—	5	—	25	—	250	—	300
— 26e à la 30e	—	6	—	30	—	300	—	360
— 31e à la 35e	—	8	—	40	—	400	—	480
— 36e à la 45e	—	10	—	100	—	1.000	—	1.200
— 46e à la 50e	—	12	—	60	—	600	—	720
— 51e à la 60e	—	16	—	160	—	1.600	—	1.920
— 61e à la 68e	—	23	—	184	—	1.840	—	2.208
la 69e	—	15	—	15	—	150	—	180
				680		6.800	remboursés par	8.160

Et que les rentiers auraient à payer pour tout titre de 5 fr. de rente 5 p. 100 présenté à l'échange, une soulte de 4 fr., exigible en un ou plusieurs termes.

Le résultat d'une telle conversion serait :

Pour les rentiers, maintien de leur capital actuel ;

Leur revenu diminué progressivement, sans secousse, de 5 à 4 1/2, puis à 4 p. 100 ;

Et, moyennant une soulte de 4 fr. par 100 fr., remboursement assuré, en soixante-neuf ans, à 120 fr. de leur créance actuelle de 100 fr.

Pour l'État, disparition en soixante-neuf ans des 7 milliards du 5 p. 100, et, par conséquent, libération complète, dégrèvement à cette époque des intérêts desservis à ce capital ; en attendant,

Dégrèvements annuels s'élevant à 35 millions pendant les dix premières années, à 40 millions ensuite, etc. ;

Réduction forcée, prévue, convenue de sa dette actuelle, par conséquent relèvement du crédit public ;

Possibilité, en cas de nouveaux besoins, de trouver des ressources à des conditions plus faciles, et sans écraser le pays sous le poids de nouveaux impôts.

Tous avantages possibles, sans augmenter d'un centime notre dette nationale ;

Sans prolonger outre mesure le temps pendant lequel il faudra payer les annuités de 7 milliards, dette de guerre ;

Sans sacrifier la possibilité de conversions nouvelles ;

Sans mécontenter les rentiers, prêteurs volontaires à un moment difficile pour nos finances ;

Sans craindre, par conséquent, leurs demandes de remboursement ;

Sans nuire au crédit public par un mauvais classement d'une nouvelle valeur.

Quand une opération financière se présente avec de tels

avantages, on peut avancer hardiment qu'elle a sa raison d'être et de se faire le plus tôt qu'il se pourra ;

Et qu'une heureuse solution, pour une question embarrassante, devant être d'un grand poids dans la décision à prendre sur son opportunité, il semble possible de livrer dès aujourd'hui à la discusssion publique une formule de conversion à peu près conçue en ces termes :

Remboursement du 5 p. 100 à 100 fr. ;

Ou conversion en nouveaux titres, rapportant 4 fr. 50 d'intérêt par an pendant dix ans, et 4 fr. d'intérêt seulement, après ces dix ans révolus ;

Remboursables en soixante-neuf ans à 120 fr., moyennant le paiement au Trésor, en un ou plusieurs termes, d'une soulte de 4 fr. par 5 fr. de 5 p. 100 converti.

(Voir les tableaux sur les pages suivantes).

UN DERNIER MOT

Notre tâche est terminée. Il ne nous reste plus qu'un devoir à remplir : c'est de remercier le lecteur bienveillant qui nous aurait suivi jusqu'à la fin de ces pages.

Nous avons fait de notre mieux pour nos recherches, nos calculs et nos raisonnements. Si nous avons pêché d'un côté ou de l'autre, — et probablement d'un côté et de l'autre, — nous invoquons, comme excuse, notre bonne volonté, et nous répéterons, pour finir, un vieux dicton bien connu : « *Excusez les fautes de l'auteur.* »

Décembre 1881. — Janvier 1882.

Emile GAUDCHAUX-PICARD.

TABLEAU provisoire d'aménagement des 272 Millions de soulte

POUR REMBOURSER 1,360 MILLIONS DE PRIME EN SOIXANTE-NEUF ANS

ANNÉES.	ENCAISSE.	INTÉRÊT.	TOTAL.	PRIME remboursée.	RELIQUAT en caisse.	ANNÉES.	ENCAISSE.	INTÉRÊT.	TOTAL.	PRIME remboursée.	RELIQUAT en caisse.
	mil.	mill.	mill.	mill.	millions		mil.	mill.	mill.	mill.	millions
1	272	10.88[1]	282.88	4	278.88[2]				*Apport.*	300	
2	279	11.16	290.16	4	286.16	36	550	22.00	572.00	20	552.00
3	286	11.44	297.44	4	293.44	37	552	22.08	574.08	20	554.08
4	293	11.72	304.72	4	300.72	38	554	22.16	576.16	20	556.16
5	301	12.04	313.04	4	309.04	39	556	22.24	578.24	20	558.24
6	309	12.36	321.36	4	317.36	40	558	22.32	580.32	20	560.32
7	317	12.68	329.68	4	325.68	41	560	22.40	582.40	20	562.40
8	326	13.04	339.04	4	335.04	42	562	22.48	584.48	20	564.48
9	335	13.40	348.40	4	344.40	43	564	22.56	586.56	20	566.56
10	344	13.76	357.60	4	353.60	44	567	22.68	589.68	20	569.68
11	354	14.16	368.16	6	362.16	45	570	22.80	592.80	20	572.80
12	362	14.48	376.48	6	370.48	46	573	22.92	595.92	24	571.92
13	370	14.80	384.80	6	378.80	47	572	22.88	594.88	24	570.88
14	379	15.16	394.16	6	388.16	48	571	22.84	593.84	24	569.88
15	388	15.52	403.52	6	397.52	49	570	22.80	592.80	24	568.80
16	398	15.92	413.92	8	405.92	50	569	22.76	591.76	24	567.76
17	406	16.24	422.24	8	414.24	51	568	22.72	590.72	32	558.72
18	414	16.56	430.56	8	422.56	52	559	22.36	581.36	32	549.35
19	423	16.92	439.92	8	431.92	53	549	21.96	570.96	32	538.96
20	432	17.28	449.28	8	441.28	54	539	21.56	560.56	32	528.56
21	441	17.64	458.64	10	448.64	55	529	21.16	550.15	32	518.16
22	449	17.96	466.96	10	456.96	56	518	20.72	538.72	32	506.72
23	457	18.28	475.28	10	465.28	57	507	20.28	527.28	32	495.28
24	465	18.60	483.60	10	473.60	58	495	19.80	514.80	32	482.80
25	474	18.96	492.96	10	482.96	59	483	19.32	502.32	32	470.32
26	483	19.32	502.32	12	490.32	60	470	18.80	488.80	32	456.80
27	490	19.60	509.60	12	497.60	61	457	18.28	475.28	46	429.28
28	498	19.92	517.92	12	505.92	62	429	17.16	446.16	46	400.16
29	506	20.24	526.24	12	514.24	63	400	16.00	416.00	46	370.00
30	514	20.56	534.56	12	522.56	64	370	14.80	384.80	46	338.80
31	523	20.92	543.92	16	527.92	65	339	13.56	352.56	46	306.56
32	528	21.12	549.12	16	533.12	66	307	12.28	319.28	46	273.28
33	533	21.32	554.32	16	538.32	67	273	10.96	283.96	46	237.96
34	538	21.52	559.52	16	543.52	68	238	9.56	247.56	46	201.56
35	544	21.76	565.76	16	549.75	69	202	8.12	210.12	52	158.12[3]
		A reporter...		300				PRIME REMBOURSÉE.		1,360	

[1] Intérêt à 4 p. 100.

[2] Le chiffre est arrondi au million supérieur ou au million inférieur, suivant que la fraction dépasse ou non la moitié du million.

[3] Il reste un bénéfice de 158 millions sur l'opération. On pourrait donc demander 10 millions de soulte de moins, ou seulement 3,85 à la place de 4 fr.; mais la différence est peu importante, briserait le compte rond et ne laisserait plus à l'Etat l'indemnité sur laquelle nous nous sommes expliqué.

TABLEAU d'amortissement des 6,800 millions du 5 p. 100 en soixante-neuf années, à 120 francs.

ANNÉES.	NOMBRE de séries.	SÉRIES AMORTIES.	SÉRIES restantes.	CAPITAL prime comprise.	CAPITAL portant seul intérêt.	TAUX de l'intérêt.	TOTAL de l'intérêt.	DÉGRÈVEMENT.	REMBOURSEMENT sur le capital portant intérêt.	REMBOURSEMENT sur la prime.	TOTAL GÉNÉRAL remboursé.	SOMME RESTANT en caisse au-delà de l'annuité remboursée.
				Millions	Millions		Millions.	Mil.	Mill.	Millions	Millions	Millions.
1	13	13	667	8.100	6.800	4 50	306 »	35[1]	130	26	156	115 »[2]
2	2	15	665	8.004	6.670	4 50	300 15	35	20	4	24	101 45
3	2	17	663	7.980	6.650	4 50	299 25	35	20	4	24	88 26
4	2	19	661	7.956	6.630	4 50	298 35	35	20	4	24	75 44
5	2	21	659	7.932	6.610	4 50	297 45	35	20	4	24	63 01
6	2	23	657	7.908	6.590	4 50	296 55	35	20	4	24	50 98
7	2	25	655	7.884	6.570	4 50	295 65	35	20	4	24	39 37
8	2	27	653	7.860	6.550	4 50	294 75	35	20	4	24	28 19
9	2	29	651	7.836	6.530	4 50	293 85	35	20	4	24	17 47
10	2	31	649	7.812	6.510	4 50	292 95	35	20	4	24[3]	7 22
11	3	34	646	7.788	6.490	4 »	259 60	40	30	6	36	11 62
12	3	37	643	7.752	6.460	4 »	258 40	40	30	6	36	17 22
13	3	40	640	7.716	6.430	4 »	257 20	40	30	6	36	24 02
14	3	43	637	7.680	6.400	4 »	256 »	40	30	6	36	32 02
15	3	46	634	7.644	6.370	4 »	254 80	40	30	6	36	41 22
16	4	50	630	7.608	6.340	4 »	253 60	40	40	8	48	39 62
17	4	54	626	7.560	6.290	4 »	252 »	40	40	8	48	39 62
18	4	58	622	7.512	6.260	4 »	250 40	40	40	8	48	41 22
19	4	62	618	7.464	6.220	4 »	248 80	40	40	8	48	44 42
20	4	66	614	7.416	6.180	4 »	247 20	40	40	8	48	49 22
21	5	71	609	7.368	6.140	4 »	245 60	40	50	10	60	43 60
22	5	76	604	7.308	6.090	4 »	243 60	40	50	10	60	40 02
23	5	81	599	7.248	6.040	4 »	241 60	40	50	10	60	38 42
24	5	86	594	7.188	5.990	4 »	239 60	40	50	10	60	38 82
25	5	91	589	7.128	5.940	4 »	237 60	40	50	10	60	41 23
26	6	97	583	7.068	5.890	4 »	235 60	30	60	12	72	43 62
27	6	103	577	6.996	5.830	4 »	233 20	30	60	12	72	48 42
28	6	109	571	6.924	5.770	4 »	230 80	30	60	12	72	55 62
29	6	115	565	6.852	5.710	4 »	228 40	30	60	12	72	65 22
30	6	121	559	6.780	5.650	4 »	226 »	30	60	12	72	77 22
31	8	129	551	6.708	5.590	4 »	223 60	30	80	16	96	67 62
32	8	137	543	6.612	5.510	4 »	220 40	30	80	16	96	61 22
33	8	145	535	6.516	5.430	4 »	217 20	30	80	16	96	58 02
34	8	153	527	6.420	5.350	4 »	214 »	30	80	16	96	58 02
35	8	161	519	6.324	5.270	4 »	210 80	30	80	16	96	61 22
	161								1.610	322	1.932	
36	10	171	509	6.228	5.190	4 »	207 60	30	100	20	1.932	43 62
37	10	181	499	6.108	5.090	4 »	203 60	30	100	20	120	30 02
38	10	191	489	5.988	4.990	4 »	199 60	30	100	20	120	20 42
39	10	201	479	5.868	4.890	4 »	195 60	30	100	20	120	14 82
40	10	211	469	5.748	4.790	4 »	191 60	30	100	20	120	13 22
41	10	221	459	5.628	4.690	4 »	187 60	30	100	20	120	15 62
42	10	231	449	5.508	4.590	4 »	183 60	30	100	20	120	22 02
43	10	241	439	5.388	4.490	4 »	179 60	30	100	20	120	32 42
44	10	251	429	5.268	4.390	4 »	175 60	30	100	20	120	46 82
45	10	261	419	5.148	4.290	4 »	171 60	30	100	20	120	65 22
46	12	273	407	5.028	4.190	4 »	167 60	30	120	24	144	63 62
47	12	285	395	4.884	4.070	4 »	162 80	30	120	24	144	66 82
48	12	297	383	4.740	3.950	4 »	158 »	30	120	24	144	74 82
49	12	309	371	4.596	3.830	4 »	153 20	30	120	24	144	87 62
50	12	321	359	4.452	3.710	4 »	148 40	30	120	24	144	105 22
51	16	337	343	4.308	3.590	4 »	143 60	30	160	32	192	79 62
52	16	353	327	4.116	3.430	4 »	137 20	30	160	32	192	60 42
53	16	369	311	3.924	3.270	4 »	130 80	30	160	32	192	47 62
54	16	385	295	3.732	3.110	4 »	124 40	30	160	32	192	41 22
55	16	401	279	3.540	2.950	4 »	118 »	30	160	32	192	41 22
56	16	417	263	3.348	2.790	4 »	111 60	30	160	32	192	47 62
57	16	433	247	3.156	2.630	4 »	105 20	30	160	32	192	60 42
58	16	449	231	2.964	2.470	4 »	98 80	30	160	32	192	79 62
59	16	465	215	2.772	2.310	4 »	92 40	30	160	32	192	105 22
60	16	481	199	2.580	2.150	4 »	86 »	30	160	32	192	137 22
61	23	504	176	2.388	1.990	4 »	79 60	30	230	46	276	91 62
62	23	527	153	2.112	1.760	4 »	70 40	30	230	46	276	55 22
63	23	550	130	1.836	1.530	4 »	61 20	30	230	46	276	28 02
64	23	573	107	1.560	1.300	4 »	52 »	30	230	46	276	10 02
65	23	596	84	1.284	1.070	4 »	42 80	30	230	46	276	1 22
66	23	619	61	1.008	840	4 »	33 60	30	230	46	276	1 62
67	23	642	38	732	610	4 »	24 40	30	230	46	276	11 22
68	23	665	15	456	380	4 »	15 20	30	230	46	276	30 02
69	15	680	0	180	150	4 »	6 »[4]	184	150	30	180	0 »
70	680	680	0	0	0	0 »	0 »	340	6.800	1.360	8.160	0 »

1 D'après les disponibilités il n'y aurait eu, la première année, que 94 millions pour les dégrèvements. Nous empruntons un million à l'aménagement de la soulte. (Voir le tableau.)

2 Pour comprendre ces chiffres restants, voir, pour les dix premières années, le tableau 8, d'aménagement de la soulte.

3 Nous négligeons les intérêts des sommes restant en caisse à la fin de chaque année, à partir de la dixième; les sommes restent en caisse, comme excédent des sommes rondes remboursées tous les ans. Le remboursement se faisant toujours par séries de 12 millions, il reste un excédant en caisse, à reporter sur l'année suivante. La somme disponible, *cette année suivante*, est formée: 1° du reliquat en caisse; 2° de l'allocation budgétaire de 340 millions, dont il faut déduire: 1° l'intérêt à 4 p. 100 de ce qui reste dû; 2° l'annuité remboursée; 3° le montant des dégrèvements. Il reste alors, au bout de l'année, un reliquat à comprendre dans les mêmes opérations pour l'année suivante.

4 La soixante-neuvième année, comme il reste en caisse 30 millions, il n'y a plus besoin que de demander 156 millions au budget et, sur les 340 millions habituels, il reste 184 millions pour dégrever. Après la soixante-neuvième année, on peut dégrever des 340 millions, puisque les 7 milliards sont intégralement remboursés.

TABLEAU D'AMÉNAGEMENT DÉFINITIF DE LA SOULTE

Pendant les dix premières années

SUIVANT L'EMPLOI DONNÉ DANS LE TABLEAU GÉNÉRAL D'AMORTISSEMENT

6,800 millions à 0,04 de soulte = 272 millions

ANNÉES.	ENCAISSE.	INTÉRÊT de l'encaisse [1].	SOMME devenue disponible [2].	TOTAL général de l'encaisse	PRÉLÈVEMENT pour la prime.	RESTE en caisse pour l'exercice suivant.
	millions.	millions.	millions.	millions.	millions	millions
1	272.00	» [3]	»	»	157 [4]	115.00 [5]
2	115.00	4.60	5.85 (130)	125.45	24	101.45
3	101.45	4.06	6.75 (150)	112.26	24	88.26
4	88.26	3.53	7.65 (170)	99.44	24	75.44
5	75.44	3.02	8.55 (190)	87.01	24	63.01
6	63.01	2.52	9.45 (210)	74.98	24	50.98
7	50.98	2.04	10.35 (230)	63.37	24	39.37
8	39.37	1.57	11.25 (250)	52.19	24	28.19
9	28.19	1.13	12.15 (270)	41.47	24	17.47
10	17.47	0.70	13.05 (290)	31.22	24	7.22
11	7.22	»	»	»	»	»

[1] A 4 p. 100 seulement, l'encaisse pouvant n'être placée qu'à ce taux.

[2] Cette somme, devenue disponible, est celle que laisse sans emploi le remboursement, au bout de la première année, de 130 millions auxquels il n'y a plus lieu de payer les intérêts à 4 1/2 p. 100; de 150 millions la deuxième année; ....de 290 millions la dixième année.

[3] Il n'y a lieu, la première année, ni à intérêt de placement de la soulte, puisqu'on donnera des termes pour la payer (l'année probablement), ni à une somme devenue disponible, puisqu'il n'y aura rien de disponible qu'au bout de la première année, partant économie qu'au bout de la deuxième.

[4] Y compris 1 million pour parfaire à 35 millions les dégrèvements qui, sans cette subvention, ne pourraient être la première année que de 34 millions.

[5] Ces chiffres restant en caisse sont ceux que reproduit, sous la même rubrique, le tableau général d'amortissement pour les dix premières années.

TABLE DES MATIÈRES

Nancy. — Imp. Nancéienne, 1, rue de la Pépinière. — Dir. : GEBHART.

www.ingramcontent.com/pod-product-compliance
Lightning Source LLC
LaVergne TN
LVHW020336230826
846091LV00003B/892

9782011745972